Réjouissons-nous !

La révolution de la Vie

Remerciements, par ordre chronologique de leur influence sur ces réflexions :

- La Légion étrangère,
- Les équipes de travaux, d'études et de conseils de l'entreprise Dervenn, génie écologique,
- Les SCOP Sagne et Rhizobiome
- Le Centre des Jeunes Dirigeants
- L'Institut Inspire
- L'association « Humanité et Biodiversité »
- L'entreprise Qualitechs, conseil indépendant en agriculture

Patrice Valantin

Œtopia Editions (Dervenn)
Le Chemin Chaussé – Mouazé - France

ISBN :978-1-4478-7980-0

Dépôt légal : novembre 2011

www.oetopia.fr

Réjouissons-nous !

La Vie est belle, source de toute richesse.

Réjouissons-nous en retrouvant le chemin de nos racines vivantes : en choisissant la voie de la dignité de la personne, de l'honneur, du respect du vivant, et des valeurs fondamentales et universelles de l'humanité, nous commencerons la plus forte, la plus belle des révolutions – pas une révolte, mais une construction.

« Ne le dis pas, fais-le ! »

Rien ne sert de s'indigner, de se révolter, de s'insurger, de se rebeller si nous ne savons pas où nous voulons aller.

C'est à chacun d'entre nous d'être moteur de changement.

Mais sans un idéal commun à atteindre, il est inutile d'entamer une révolution.

La révolution de la Vie a donc une vision : **l'Oïkos**

et un objectif : **l'Œtopie.**

Table

1ère partie :
La fin de « l'ancien régime »

Une petite histoire de l'humanité et de la nature

Le bien-être de l'humanité ? C'est l'optimisation des services rendus par la nature

« Notre évolution est un cadeau de la Vie »

Il y a 200 000 ans, lors de l'apparition de l'homme moderne, la chasse, la pêche et la cueillette assuraient la survie des peuples, qui étaient alors totalement dépendants des biens et des services de la nature mais subissaient aussi ses vicissitudes.

Il y a 8000 ans (c'était hier !), la révolution agricole apprenait à l'humanité à maîtriser (une toute petite partie) de la nature. Cette alliance entre la technique et le fonctionnement de la Vie a permis à l'Homme de prospérer sans cesse, par une construction lente, progressive et continue. Mais la maîtrise - partielle - des cycles vivants ne remplace pas la Vie elle-même. La science et la technologie peuvent optimiser certains services rendus par la nature sans pour autant les créer ni les maîtriser. C'est ce que fait l'agriculture. S'il nous est possible de modifier les écosystèmes, notre survie, notre bien-être, notre Vie, demeurent liés à cette alliance avec le monde vivant.

Il y a 150 ans, la révolution énergétique nous a donné accès à un confort et un bien-être jamais imaginés, en se basant sur l'exploitation radicale des ressources fossiles de notre terre : pétrole, charbon et gaz. Cette valorisation d'un capital patiemment stocké durant des millions d'années a permis l'industrialisation et l'augmentation de la productivité. **Ce sont là encore des cadeaux de la Vie.**

Nous bénéficions aujourd'hui de ces progrès et nous sommes libérés – du moins pour beaucoup d'entre nous, Occidentaux – d'un bon nombre de contraintes qui représentaient autrefois le quotidien de l'humanité: la faim, le froid, la plupart des douleurs physiques ou la mort précoce... Nous pouvons remercier nos ancêtres et la nature pour leur capacité à créer, à s'adapter, à innover !

Cette aventure humaine n'est toutefois pas une histoire d'harmonie et de paix : le bonheur des uns s'est souvent construit sur la souffrance des autres. Les bénéfices tirés du fonctionnement de la Vie sur terre ne sont pas répartis équitablement.

Le monde occidental se trouve au sommet de la pyramide de l'abondance et de la sécurité, mais il ne peut ignorer les cris de ceux qui aspirent aux mêmes félicités – à ses portes ou aux antipodes.

Un point de rupture est atteint : les ressources ont des limites

> *« Jamais l'humanité n'a été à ce point confrontée à son avenir. De nos décisions de la prochaine décennie dépendront la paix ou la guerre, l'abondance ou la misère. »*

Jusqu'à très récemment, nous n'avions jamais eu à nous inquiéter de la disponibilité de ces services rendus par la Vie, nos prélèvements n'altérant (en apparence) ni l'abondance ni la disponibilité des ressources. Mais dans un monde fini, il existe fatalement des limites, et il est temps de reconsidérer nos relations avec la nature, si nous voulons continuer à profiter de ses bienfaits.

Personne ne met en doute la confrontation majeure à laquelle nous devrons répondre au milieu de ce siècle. Les divergences d'opinions à ce sujet ne concernent pas la réalité des défis, mais leur date d'échéance, notre aptitude à y répondre, et la confiance – voire la foi – en la capacité de notre système à générer ses propres solutions.

D'une manière ou d'une autre, nous devrons nous adapter à sept défis fondamentaux et interconnectés :

- Les ressources naturelles,
- L'énergie disponible à bon marché,
- L'eau,
- Les services écosystémiques,
- La démographie,
- Les déchets,
- Les changements climatiques.

Jamais l'humanité n'a été à ce point confrontée à son avenir. Des décisions que nous prendrons au cours de la prochaine décennie dépendront la paix ou la guerre, l'abondance ou la misère.

Le combat pour la Vie et la biosphère

La Vie avant toute chose !

« La Vie est la principale richesse de notre terre »

L'objet de toute notre attention devrait être la biosphère – et plus précisément la Vie, sans laquelle il n'y aurait qu'une sphère inerte. Or toutes les actions menées actuellement en faveur du « développement durable[1] » relèguent la Vie au plan de sujet secondaire, concernant assez peu notre société et encore moins les entreprises. On lui attribue le nom de « biodiversité », le plus souvent considérée – à tort – comme une simple liste d'espèces menacées et d'espaces naturels à préserver ici et là. Le destin des autres êtres vivants – non humains – n'intéresse pas grand monde, car l'homme nourrit l'illusion de s'être rendu totalement maître de son devenir, enfin libéré des contraintes naturelles. La plupart des sociétés modernes considèrent par conséquent la Vie comme un simple point particulier et annexe parmi les principes de « l'environnement[2] », et limitent leurs actions à la conservation de quelques espaces ou espèces emblématiques pour avoir bonne

[1] Terme étrange donnant l'illusion que l'on peut continuer à développer durablement un modèle qui ne cesse de prouver qu'il est arrivé à son terme et qu'il ne peut s'adapter aux enjeux d'aujourd'hui.

[2] Terme totalement inadapté qui voudrait laisser croire que le monde est constitué d'une humanité environné d'un certain nombre d'éléments qui lui sont extérieurs. Le « développement » est ainsi considéré comme indépendant de ces éléments accessoires, en particulier de la disponibilité des ressources.

conscience. Les déchets, l'énergie ou le changement climatique leur apparaissent comme des sujets autrement plus sérieux. Il s'agit là d'une erreur fondamentale d'approche et de philosophie. **La Vie est la principale richesse abritée par notre terre**, et nous sommes très loin de nous être émancipés de notre dépendance à son égard. Tout ce que l'on appelle aujourd'hui le « développement durable » devrait avoir pour unique finalité la préservation des richesses de la Vie, qui seule nous permettra de poursuivre notre aventure terrestre. Tous les autres sujets, bien qu'importants, sont subordonnés aux enjeux du monde vivant dans lequel nous sommes immergés. Les déchets, l'énergie ou le changement climatique sont des éléments au sein du défi de la préservation de la Vie, et non l'inverse.

Car la Vie est simplement indispensable

> *«Les écosystèmes contribuent à 40% de notre économie, ils sont d'une complexité telle, que nous ne comprenons pas leur fonctionnement»*

Si la Vie doit être protégée, ce n'est pas en raison d'un éventuel caractère sacré ou transcendant. La nature n'est d'ailleurs pas toujours bonne pour l'homme : un poison naturel reste un poison ; la piqûre du scorpion ou la malaria sont des exemples d'éléments liés au fonctionnement de la Vie contre lesquels nous devons nous protéger.

La Vie doit impérativement être préservée parce qu'elle est indispensable à notre bien-être, à notre survie, et cela indépendamment de toute considération idéologique ou philosophique. Quelles que soient nos apparentes prouesses

techniques, nous avons avec les autres espèces vivantes une communauté de destin et une communauté d'intérêts. Le tissu de la Vie sur terre – des bactéries aux océans – est constitué d'une infinité de relations et de coopérations au sein d'une infinité d'écosystèmes imbriqués les uns dans les autres. La diversité génétique et la diversité des espèces représentent à la fois le moteur de l'évolution et l'assurance de la capacité d'adaptation de la Vie lors de pressions ou de changements majeurs.

Les conséquences de la variation du taux de carbone dans l'atmosphère ou des évolutions climatiques ne sont graves que parce qu'elles affectent la Vie et les écosystèmes. Inversement, seul un fonctionnement très efficace des écosystèmes permettra d'une part l'adaptation aux changements climatiques, et d'autre part le stockage accéléré du carbone atmosphérique.

Les écosystèmes produisent en permanence des services dont nous bénéficions : les cycles de l'eau ou du carbone, la photosynthèse et l'oxygène, la biodégradation, les sols arables et la fertilité, notre alimentation, les régulations climatiques locales et globales, la pollinisation, ou les valeurs spirituelles ou culturelles… **40 % de notre économie dépend de manière plus ou moins directe du fonctionnement des écosystèmes, et les conséquences sociales et économiques de l'altération de la Vie sont dores et déjà dramatiques et ne cessent de s'aggraver.**

Or nous ne connaissons encore qu'un très faible pourcentage des espèces présentes sur terre, et nous comprenons à peine les systèmes vivants. Cela signifie que nous serons incapables de produire la plupart des services rendus gratuitement par la nature en cas d'altération. Nous n'avons donc pas d'alternative connue pour remplacer ces services, et nul ne peut nous assurer que nous sommes en mesure d'en trouver une à court terme. **Nous devons garder humilité et modestie vis-à-vis du système vivant, car nous savons à peine déterminer ce qui est bon ou mauvais pour sa pérennité.** Les modifications des écosystèmes sont bien souvent irréversibles, entraînant presque toujours des conséquences néfastes pour les populations humaines qui bénéficiaient de leurs services. Mieux vaut donc préserver la machine de la Vie qui fonctionne si bien depuis des milliards d'années. La Charte de l'Environnement, ajoutée au préambule de la Constitution de la République Française, et qui a la même valeur juridique que la Déclaration des Droits de l'Homme, l'a d'ailleurs énoncé dans son introduction : ***« Le peuple français considère que l'avenir et l'existence même de l'humanité sont indissociables de son milieu naturel ».*****La Vie est source de toutes nos richesses et de notre bien-être. Elle est donc irremplaçable.** C'est un capital, au sens propre du terme, qui produit continuellement des dividendes, dont nous bénéficions et profitons.

Mais la Vie disparaît...

« L'érosion de la Vie sur Terre entraîne l'érosion des services rendus par la Vie... »

Mais la Vie disparaît. Il est toutefois normal, dans le lent processus de l'évolution, que des espèces apparaissent et disparaissent, en général à une échelle de plusieurs millions d'années. La disparition d'espèces est bien souvent naturelle : l'humanité n'a pas de responsabilité dans la fin des dinosaures ! Ce qui est actuellement grave et inédit, c'est la rapidité fulgurante de la disparition des espèces, qui se produirait à un rythme entre 50 et 1000 fois supérieur au rythme habituellement estimé. Il est impossible de préciser ce chiffre étant donné la méconnaissance que nous avons de la complexité des phénomènes naturels. Il existe cependant suffisamment d'indicateurs et de signes de cette érosion pour allumer tous les voyants au rouge. Nul besoin d'être un grand scientifique pour déduire que l'artificialisation des sols par l'urbanisme ou les voies de communication entraîne une diminution des zones de Vie pour les populations vivantes (les habitats naturels), et donc logiquement des espèces elles-mêmes et de leur diversité génétique. Deux chiffres permettent de comprendre l'ampleur du désastre : de 60 à 80 000 hectares sont artificialisés chaque année en France, ce qui correspond à l'élimination de la surface d'un département tous les sept ans – surface qui n'est plus disponible pour accueillir la Vie. Et la moitié des zones humides de la planète ont disparu lors des 50 dernières années, alors qu'elles sont indispensables à de très nombreuses espèces et produisent des services essentiels dont nous bénéficions. L'ONU a constaté en 2005 dans un document appelé l'Evaluation des Ecosystèmes pour le Millénaire, que 60 % des services rendus gratuitement par la nature, et dont nous bénéficions, sont dégradés. **L'érosion de la Vie sur Terre entraîne l'érosion des services rendus par la Vie…**

…en raison de l'activité humaine

« Il est indispensable de changer notre regard sur la Vie »

Il n'existe aucun doute sur les causes humaines de l'érosion de la Vie. Nous avons cité plus haut l'artificialisation et les changements d'affectation des terres, auxquels on peut ajouter entre autres les différents types de pollution, ou encore les espèces dites « envahissantes », le plus souvent introduites par l'homme, qui colonisent les milieux naturels et éliminent les autres espèces – comme la *Caulerpa taxifolia*, l'algue tueuse de la Méditerranée.

De plus, les impacts de nos activités ne sont que très rarement intégrés dans les coûts de production : c'est le cas par exemple des dégâts irréversibles causés par la pêche profonde sur des écosystèmes pourtant très peu connus et extrêmement lents à se régénérer. Ces conséquences négatives des activités humaines, non prises en compte dans les modèles économiques, sont appelés **externalités négatives**. Enfin, nos héritages psychologiques et culturels nous poussent à vouloir afficher une maîtrise totale de la nature, même lorsque cela n'est pas indispensable à la production de biens ou de services. La volonté de montrer notre domination sur la nature, sans la moindre humilité ou reconnaissance pour ce qu'elle nous apporte, est symptomatique d'une attitude quasi-pathologique de mégalomanie. L'aménagement ornemental du paysage, sans respect pour les besoins des populations vivantes qui y vivent, en est la plus grande évidence. Les 30 % d'oiseaux qui nichent au sol ont du mal à faire leurs nids parmi les hectares de pelouse tondues régulièrement, et les abeilles peinent à faire leur miel en raison, entre autre, de la raréfaction des fleurs sauvages.

Il est donc indispensable de changer rapidement notre regard sur la Vie pour espérer poursuivre plus paisiblement l'existence d'une humanité intégrée dans les écosystèmes.

Le problème n'est pas la « consommation » de la nature

> *« La nouvelle alliance que nous devons établir avec la Vie a pour objet d'assurer la pérennité de nos intérêts et de nos destins communs. L'économie doit être au service de la Vie afin de continuer à produire des richesses. Il n'y a là aucune idéologie, juste du réalisme.»*

Il ne s'agit pas de condamner toute forme d'impact sur les écosystèmes. La maîtrise de la nature peut être légitime pour assurer notre alimentation et notre bien-être. De nombreuses autres espèces, dites « ingénieures », modifient leur lieu de vie, entraînant divers impacts. Les barrages construits par les castors ont aussi un impact. **Ce n'est pas tant l'utilisation des ressources ou la modification des milieux naturels qui sont remis en question ici, que la forme que peut prendre l'exploitation de ces ressources et de ces milieux, si l'on en ignore les impacts négatifs, directs ou indirects, infligés aux écosystèmes et à l'humanité.** Ces impacts correspondent pourtant à des coûts réels, qui ne seront pas payés par l'exploitant, mais par d'autres populations ou par nos enfants. La nécessité de préservation de la nature n'est pas due à un caractère sacré ou intouchable ; cependant, lorsque l'on a compris la valeur des services qu'elle nous rend, il est simplement inacceptable de dépasser des seuils qui remettent en cause l'avenir des peuples. **La maîtrise de la nature pour notre développement ne peut simplement plus exclure le respect de la Vie. La nouvelle alliance que nous devons établir avec la Vie a pour objet d'assurer la pérennité de nos existences communes. L'économie doit être au service de la Vie pour pouvoir continuer à produire des richesses. Il n'y a là aucune idéologie, juste du réalisme.**

Sommes-nous trop nombreux ?

> *« Des écosystèmes fonctionnels produisant des biens répartis avec justice permettraient d'éradiquer la faim et la misère »*

La surexploitation des ressources est une des causes majeures de la destruction de la Vie, et cela entraîne souvent, par une analyse malthusienne, un raccourci quasi-idéologique induisant qu'il faut rapidement réduire ou limiter la population mondiale. Les moyens à employer pour cela ne sont d'ailleurs pas précisés, car on pourrait à juste titre s'inquiéter de leur légitimité ou de leur moralité! Est-il possible d'atteindre cet objectif sans user de contraintes, de violences et de privation de liberté ? Un raisonnement purement démographique constitue surtout un excellent moyen d'occulter la réalité : c'est notre système de production et de consommation qui est malade et qu'il faut réformer, sans rejeter la faute sur l'ensemble de l'humanité. Nous sommes 20 % de l'humanité à consommer 80 % des ressources, ce qui illustre bien la cause de l'érosion. 30 % de notre alimentation serait gaspillée, et 30% des poissons pêchés rejetés morts à la mer. Cela nous autorise de belles marges de progrès. **La Vie produit largement assez de biens et de services pour l'ensemble des hommes, mais sans doute pas pour assurer les superflus d'une minorité, qui utilise l'argument de la surpopulation au fin de maintenir son propre style de vie.** Il est souvent déclaré que l'exploitation intensive des sols est une nécessité pour nourrir le monde. Cela légitime donc la destruction des écosystèmes pour sauver l'humanité, ou bien la destruction de l'humanité pour sauver les écosystèmes ! Ce discours est assez consternant lorsque l'on sait que, justement, la destruction des écosystèmes est une cause essentielle de la faim dans le monde, ainsi que des conflits et tensions bien souvent liés à l'accès aux ressources. **Des écosystèmes fonctionnels produisant des biens répartis avec justice permettraient d'éradiquer la faim et la misère.**

Le système peut-il se corriger lui-même ?

> *« Cette confiance aveugle dans une société fondée sur l'individualisme pour gérer le bien commun relève de la superstition »*

Après avoir constaté la réalité de la crise écologique, et ses conséquences sociales et économiques, la vraie question est maintenant de savoir si nos sociétés hyper technologiques sont capables de s'affranchir des services rendus par les écosystèmes que nous détruisons. La vision techniciste, affichant une foi absolue en la sagesse et la raison humaines, assure que l'on pourrait se passer dorénavant de cette bonne vieille nature qui a fait son temps, pour laisser place aux miracles de la technique et des biotechnologies, et nous affranchir des contraintes biologiques. **Nous n'en avons cependant aucune certitude, et il serait prudent d'arrêter immédiatement la destruction de notre capital naturel tant que ceux qui en sont la cause n'apportent pas la preuve qu'ils peuvent remplacer la nature, en assurant la même qualité de services rendus.** Les preuves attendues doivent être des réalités, des démonstrations et des réalisations plutôt que des promesses, des brevets ou des équations.

Espérer une quelconque sagesse de la part d'un système ayant généré de telles atteintes à l'humanité est téméraire. **Il est en effet suicidaire d'avoir confiance dans le pyromane pour éteindre le feu**.

Cette confiance aveugle dans une société fondée sur l'individualisme pour gérer le bien commun relève de la superstition. Cela équivaut à demander à un dictateur de faire une révolution : il essaiera avant tout de conserver son pouvoir, et donc de ne changer que l'apparence de ce pouvoir pour simuler un changement. Car les bonnes révolutions sont menées par les peuples souhaitant bonheur et liberté, non par les dictateurs.

La métamorphose

« C'est donc une nouvelle société qu'il faut commencer à préparer »

Notre modèle actuel a fait son temps. Issu de la révolution industrielle, il est fondé sur le dogme de la disponibilité permanente des ressources, sur la foi absolue en la technologie, sur la consommation, et sur la compétition. Il est devenu obsolète et quasi-rétrograde, et ne peut répondre aux enjeux modernes. C'est un « ancien régime » archaïque, qui a peut-être été légitime et utile quelques siècles durant, mais ne l'est simplement plus aujourd'hui. **C'est donc une nouvelle société qu'il faut commencer à préparer**, sans faire table rase du passé, en remplaçant progressivement les organes atrophiés par de nouveaux membres. **Notre révolution est une construction par la métamorphose, et non une destruction.** La force n'exige pas la violence, et cette révolution se veut résolument pacifique, apaisée mais déterminée. La volonté d'un changement radical est le seul chemin pour éviter les violences qui se produiront inéluctablement si nous continuons dans la voie actuelle, menant à une impasse. La mue éliminera progressivement les peaux mortes, devenues inutiles. En conséquence**, nous devons avant tout**

rechercher des porteurs de solutions, afin d'être tournés vers un avenir positif et serein, sans systématiquement vouloir identifier des coupables à condamner. Il existe toujours un risque de violence ou d'extrémisme dans les révolutions, et les fins les plus nobles ne peuvent justifier des moyens qui les dégradent. Les fins et les moyens doivent donc être cohérents, et tendre vers le développement humain.

Quelles solutions pour ces défis ?

Deux approches antinomiques : « écologie profonde » ou « techniciste »

Les approches politiques actuelles proposent peu de solutions positives, et ne semblent pas envisager l'ampleur et les effets probables sur nos sociétés des crises à venir. Elles correspondent, très schématiquement, soit à une vision *techniciste*, soit à une vision *d'écologie profonde*.

- **Technicistes** : les technicistes nient en général les conséquences prévisibles de la crise écologique, ou bien assurent à qui veut bien les croire que notre raison, notre intelligence et le progrès résoudront à eux seuls toutes ces équations. Il est peut être possible de l'imaginer, la question essentielle étant le paramètre « temps » qui ne laisse pas beaucoup de marge. Même si nous pouvons espérer des solutions technologiques et scientifiques, il est fort peu probable qu'elles aboutiront suffisamment vite. Affirmer que ce modèle de société est capable de générer ses propres solutions évite surtout de le remettre en cause pour ne pas perturber son fonctionnement.
- **Ecologie profonde** : Certains écologistes (pas tous, heureusement !) sont davantage dans un registre négatif, fondé sur la peur de l'avenir, et préconisent des corrections drastiques de notre modèle économique afin de consommer moins d'énergie, moins de matière, moins d'eau. C'est la théorie de la décroissance, qui néglige toutefois les réalités ayant engendré cette surconsommation de ressources : sans

changer les causes, il est peu probable de modifier les conséquences, et les bonnes pratiques ne font pas les révolutions. C'est notre société tout entière qui porte la responsabilité de ses propres crises, en particulier par son modèle économique basé sur la consommation et la rentabilité à court terme. Par ailleurs, des contraintes imposées par un modèle décroissant ne résoudraient que partiellement la surconsommation de capital naturel, sans pour autant répondre à la crise alimentaire qui touche près d'un milliard d'individus.

Des solutions insuffisantes : il faut un changement systémique, un autre paradigme

« Il faut une révolution radicale et immédiate, une révolution de la Vie qui doit toucher tous les aspects de notre société, individuels et collectifs, économiques et politiques. Une révolution n'est pas une révolte, et n'engendre pas nécessairement la violence, à condition qu'elle soit anticipée

Il nous est donc proposé en résumé deux approches : augmenter la recherche en espérant des trouvailles miraculeuses au cours des dix prochaines années pour passer l'obstacle, ou bien brider la machine économique, sachant que cela engendre des pertes sociales.

Il est difficile de progresser vers l'avenir avec comme alternative le cauchemar d'un monde en autodestruction ou le rêve d'un monde utopique sauvé par la technologie (ce que personne ne peut garantir à ce jour).

A une crise systémique, il faut une réponse systémique, et les adaptations marginales ne seront pas suffisantes, d'autant plus lorsqu'elles ne sont en général imposées qu'à certains acteurs servant de boucs émissaires.

Nos responsables politiques ne remettent jamais en cause le modèle actuel qui indépendamment des impacts sur la biosphère, génère déjà des inégalités inacceptables pour un peuple qui se prétend civilisé. **La seule solution pour sortir de l'ornière par le haut, en gagnant davantage de bonheur, est un changement de paradigme intégral par une révolution fondamentale.** Car si l'on ne remet pas en cause la croyance en des ressources illimitées sur laquelle repose notre modèle économique actuel, il n'existe aucune possibilité de modifier la course de la machine, même en réduisant à la marge certaines consommations.

C'est pourquoi la manière dont notre société applique les principes du « développement durable » ne résout rien, et permet surtout toutes les hypocrisies pour continuer à s'enrichir au détriment des plus faibles. En effet, en l'absence d'une vision de l'avenir et des objectifs à atteindre, en l'absence d'un objectif de société et d'une approche systémique, les différents acteurs se contentent de quelques bonnes pratiques marginales, sans supprimer les principales sources d'impacts négatifs, c'est-à-dire les pratiques elles-mêmes. Ces « bonnes pratiques » donnent surtout « bonne conscience » pour continuer le « *business as usual* ». Les « bonnes pratiques » devraient être des moyens déployés pour atteindre un but – car elles ne constituent pas une finalité en elles même. **Nos pratiques actuelles sont celles d'un buveur, fumeur, drogué, qui après un diagnostic médical alarmant se contenterait**

de faire 10 mn de sport par jour sans rien changer par ailleurs. Si la situation n'était pas aussi inquiétante, cela prêterait à sourire.

Les efforts de ces dernières années mettent en évidence les enjeux sans toutefois aboutir à des solutions, car ils ne modifient pas les principes de la société qui engendre ces effets négatifs, c'est-à-dire une société de surconsommation basée sur l'économie linéaire, la mise à disposition gratuite et le gaspillage du bien commun, l'obsolescence programmée, la captation des ressources par une minorité...

Il faut une révolution radicale et immédiate, qui ne nous a jamais été proposée jusque-là. Cette révolution de la Vie doit toucher tous les aspects de notre société, individuels et collectifs, économiques et politiques. Une révolution n'est pas une révolte, et n'engendre pas nécessairement la violence, à condition qu'elle soit anticipée et conduite.

Réjouissons-nous ! Le meilleur est devant nous, il suffit de le vouloir.

Le sens de l'économie et sa finalité

> *« La vision de notre société demande une véritable réflexion, nouvelle et courageuse, sur le sens de l'économie et ses fins, suivie d'une réforme fondamentale pour en corriger les dysfonctionnements »*

Nous devons sans doute rester très prudents en raison du peu de connaissances que nous avons sur les échéances et le fonctionnement de la biosphère, tout en étant néanmoins déterminés à changer. Il nous faut de toute façon résoudre la crise sociale des inégalités, internationales et nationales. Cette crise sociale a les mêmes causes que les crises écologiques : une machine économique « libre » de toute contrainte extérieure, ne recherchant que le profit à court terme pour quelques-uns.

Les urgences écologiques et sociales exigent davantage que la simple proposition de quelques outils, et incitent à réfléchir à une vision de la société souhaitable et souhaitée. Cette vision ne se dégagera pas d'une liste plus ou moins longue de procédés purement techniques et technocratiques – ingénierie financière, réformes des institutions, contrôle de marché, investissement ... **Elle demande une véritable réflexion, nouvelle et courageuse, sur le sens de l'économie et ses fins, ainsi qu'une réforme fondamentale pour en corriger les dysfonctionnements.**

Ce n'est pas être « prophète de malheur » ou « prêcheur d'apocalypse » que d'observer les temps présents : les symptômes écologiques, économiques et sociaux de ces dysfonctionnements sont déjà visibles partout dans le monde.

Une économie qui appelle des valeurs humaines

> *« C'est la communion dans des valeurs positives qui engendre le développement de l'humanité, et pas seulement les progrès techniques »*

Le sens de l'économie et de ses fins appelle des valeurs qui transcendent l'humanité, communes à la plupart des cultures et inscrites au plus profond de nous-mêmes, à commencer par la solidarité et la coopération, bases du fonctionnement des écosystèmes. On a voulu, depuis quelques décennies, reléguer le principe même des valeurs humaines à la sphère privée, en prétendant qu'elles n'étaient pas nécessaires pour l'économie, celle-ci ayant ses propres régulateurs naturels. Ces valeurs, dénommées alors « moralistes », et les règles qui en découlent étaient systématiquement opposées à la prospérité. Or toutes les civilisations nous enseignent le contraire : **c'est la communion dans des valeurs positives qui engendre le développement de l'humanité, et pas seulement les progrès techniques.** L'économie appartient à l'activité de l'homme et ne lui est pas extérieure ; elle doit donc être organisée en fonction des valeurs humaines, et ne peut être régie simplement par le droit des affaires et les contrats. Le développement, avec les incertitudes qui en découlent, ne peut être garanti par le fonctionnement quasi-automatique des institutions, ou des forces économiques et politiques elles-mêmes. **Il faudra toujours, heureusement, des femmes et des hommes droits, dans tous les domaines de la société, guidés avant tout par leur conscience du bien commun.** Les valeurs de notre nouvelle société doivent être fédératrices et unificatrices car communes aux différentes cultures de l'humanité, sans séparer les peuples et les personnes par des idéologies.

2ème partie : idées révolutionnaires pour une Vie nouvelle

Un principe fondamental : le respect de la Vie

Les nécessités naturelles s'appliquent aussi aux mammifères humains

«Nous ne pouvons exister sans la Vie ! »

L'espèce humaine est arrivée très récemment dans la lente évolution de la Vie. Les principes naturels qui régissent les écosystèmes lui sont bien antérieurs, et ont déjà fait leurs preuves. Il lui est indispensable de s'adapter à ces nécessités naturelles, car elle fait partie intégrante de la réalité biologique. L'humain est un mammifère, soumis aux mêmes règles que les autres mammifères. Sa conscience, son intelligence, sa technologie et quelques caractéristiques sociales lui ont sans doute permis de développer des écosystèmes d'un type un peu particulier, que nous finissons par appeler socio-écosystèmes : il n'en reste pas moins que les règles de base restent les mêmes. Un écosystème est un ensemble d'êtres vivants en interaction permanente dans un milieu. Ce sont ces relations qui assurent la pérennité et l'évolution de l'écosystème. **L'être humain est contraint à la solidarité avec les autres espèces de la biosphère, en raison des interdépendances et des relations fonctionnelles qui caractérisent les écosystèmes. Notre économie doit donc être au service de la Vie pour des raisons biologiques autant qu'éthiques, car nous ne pouvons exister sans la Vie.** La technologie nous donne l'impression de nous affranchir des nécessités naturelles, mais ce n'est qu'une illusion : la Vie, la mort ou la maladie nous le rappellent sans cesse. **La prétendue émancipation de l'humain vis-à-vis des nécessités biologiques relève de l'idéologie.**

Une nécessaire hiérarchisation des enjeux…

> *« La proclamation du respect de la Vie n'abaisse pas l'homme : elle rétablit une chaîne de valeurs où les autres espèces sont des partenaires de l'humanité, qui participent à son bien-être, sans être des marchepieds pour des visées égoïstes »*

En considérant que l'économie est au service de la Vie, il ne s'agit pas de placer une nature sacrée au-dessus de l'humanité, bien au contraire. La hiérarchie des valeurs est simplement remise en place. Le respect de la personne humaine est une priorité, mais ne doit pas faire oublier que son avenir, son bien-être et la stabilité de nos sociétés sont directement dépendants des autres formes de Vie, par les services qu'elles nous offrent. **La Vie doit être respectée car ce n'est pas un simple matériau.** Il est nécessaire de montrer modestie et humilité vis-à-vis de la nature que nous comprenons à peine. Notre système socio-économique actuel hiérarchise les êtres vivants comme de simples moyens permettant d'accéder au profit et à une forme de confort. Ils deviennent ainsi des outils ou des ressources considérés au même niveau qu'une matière inerte, sans prendre en compte leur dimension particulière et originale. Mettre l'économie au service de la Vie rétablit une juste hiérarchie, par l'observation de la réalité des écosystèmes, et particulièrement des socio-écosystèmes. **La proclamation du respect de la Vie n'abaisse pas l'homme : elle rétablit une chaîne de valeurs où les autres espèces sont des partenaires de l'humanité, qui peuvent participer à son bien-être, sans être des marchepieds pour des visées égoïstes.** L'économie au service de la Vie affirme simplement une hiérarchie naturelle entre les êtres vivant et les choses matérielles.

Selon ce principe, la nature n'est pas plus importante que la personne, car cela pourrait s'opposer au développement humain. La nature est toutefois plus importante que le superflu de la personne, ses égoïsmes et comportements individualistes, la finance ou certaines formes de profit non redistribué. Il est donc nécessaire d'établir un code éthique permettant d'assurer cette hiérarchie des valeurs, au centre duquel se trouve la Vie. **Il faut dépasser la simple notion de « droit de l'homme » pour établir une « déclaration universelle du respect du vivant », au centre duquel se trouve l'humanité et la dignité des personnes.**

... qui engendre la vision de notre société

L'humanité exerce une certaine maîtrise sur la nature : elle la gère et la consomme pour se nourrir, la protège pour assurer sa pérennité. Cela est légitime, mais n'autorise pas le gaspillage, la destruction sans contrepartie, et la spoliation des droits d'une autre partie de l'humanité et des générations futures. La nature peut être à notre service dans les limites fixées par une justice à la fois distributive et intergénérationnelle.

Ayons donc une vision positive d'une société plus humaine : nous la voulons meilleure, en lien avec la Vie, avec pour ambition de construire l'avenir plutôt que de détruire l'ancien système.

Un objectif : l'harmonie et la cohérence de l'Oïkos

L'Oïkos, lieu de Vie nouvelle

> *« L'Oïkos, notre lieu de vie, c'est notre bien commun, qui nous permet de vivre, et garantit la pérennité de notre bien-être »*

Les termes « biodiversité », « nature » ou « environnement » prennent des significations très différentes selon les contextes, les personnes et les cultures. Dans la plupart des cas, il s'agit de principes extérieurs à une humanité qui croit assez naïvement à son indépendance, et pense pouvoir décider de son avenir avec une autonomie et une maîtrise totales. Comme nous l'avons vu précédemment, il s'agit là d'une illusion, dont le caractère imaginaire nous est rappelé chaque jour davantage pour peu que l'on prête attention aux souffrances du monde.

Le terme « Oïkos » nous offre la possibilité de prendre en compte une autre réalité de la Vie humaine, intégrée dans le monde vivant.

En grec ancien, Oïkos signifiait « la demeure », « le lieu de Vie ». Il ne s'agissait pas uniquement des murs, mais de l'ensemble du domaine : les humains, bien sûr, maîtres, familles ou serviteurs, et aussi les terres, le bétail et tout ce qui dépendait de cet Oïkos. Cela correspond à notre biosphère, avec la diversité de la Vie qu'elle abrite, et les multiples relations et interdépendances des espèces vivantes. L'Oïkos peut aussi être un territoire donné, dès lors que l'on inclut dans cette notion de territoire l'ensemble de ses habitants, humains et non-humains, ses ressources, son patrimoine et sa culture. Les déclinaisons de l'Oïkos sont infinies puisqu'il s'agit finalement du bien commun, qui nous permet de vivre, et garantit la pérennité de notre bien-être. Notre Oïkos, c'est l'ensemble des socio-écosystèmes dans lesquels nous vivons.

Le mot Oïkos n'est pas neutre en français, puisque il a donné les mots écologie et économie : *oïkos logos*, la connaissance du lieu de Vie, et *oïkos nomos*, les règles du lieu de Vie. Par cette approche, les deux termes économie et écologie se voient étymologiquement réconciliés, ce qui relève d'ailleurs du simple bon sens : l'origine du mot économie porte en lui le principe de la Vie ! De plus, Oïkos, par l'un de ses dérivés *oikumene*, la terre habitée, l'universalité, a aussi donné le mot œcuménisme, représentant les valeurs communes, le dialogue et les points de convergence entre plusieurs philosophies ou religions. L'Oïkos est donc aussi un point de convergence.

L'Oïkos, plus qu'un lieu : notre avenir

> *« La façon dont l'homme traite l'Oïkos est en relation avec la manière dont il traite ses semblables ou lui-même, et réciproquement »*

Ainsi, l'Oïkos désigne cette société que nous voulons construire. Le terme peut s'appliquer également à chacune des différentes cellules de base – familles, territoires, entreprises, pays... - Reste maintenant à en identifier les valeurs, et les méthodes de fonctionnement. Il ne s'agit pas d'un mot nouveau pour ce que certains appellent « environnement » : l'Oïkos est l'expression définissant notre lieu de Vie, et l'avenir que nous souhaitons.

L'harmonie et la cohérence de l'Oïkos représentent l'objectif à atteindre, le moyen d'assurer le bien-être, le respect et la dignité de la personne humaine.

La façon dont l'homme traite l'Oïkos, son lieu de Vie, son bien commun, est en relation avec la manière dont il traite ses semblables ou lui-même, et réciproquement. Ainsi, en travaillant à la protection de l'Oïkos et de tous ses composants, vivants ou non, il s'agit bien de protéger l'homme de sa propre destruction.

Les valeurs et l'éthique

Pourquoi un système de valeurs et d'éthique ?

« La liberté est un principe indissociable des valeurs humaines »

Il existe toujours des craintes, lorsque l'on aborde les notions de valeurs ou de vertus, de voir poindre un nouvel ordre moral, voulant imposer des comportements sur des critères qui pourraient être arbitraires. **Ces craintes, légitimes, ne doivent pas pour autant éliminer les valeurs, car elles sont nos sécurités contre la barbarie.** En voulant supprimer toute forme de vertu ou de morale commune, en relativisant les actes et les idées, l'homme perd sa conscience, car il n'a plus de référentiel pour auto-évaluer ses propres actes. Il est indispensable de s'accorder sur ces valeurs, afin de permettre des critères de discernement, car le mot « éthique » perd son sens lorsqu'il est employé de manière trop restrictive ou trop générale, justifiant ainsi potentiellement des choix tout à fait opposés à l'éthique. L'éthique a pour vocation d'être globale, systémique. Les valeurs dont nous parlons ici ont pour objectif de rassembler les personnes qui s'y reconnaissent.

Si le droit peut interdire des comportements contraires aux lois, il peut difficilement obliger à respecter des valeurs. L'objectif d'un système de valeurs n'est donc pas de contraindre, mais de susciter l'adhésion, car **la liberté est un principe indissociable des valeurs humaines**. La solidarité ne peut être imposée, car ce ne serait plus de la solidarité.

Le respect des valeurs humaines apporte plus de bonheur durable et vrai que l'individualisme.

Des valeurs pourquoi ?

> *« L'objectif des valeurs est le bonheur de la personne humaine et de l'humanité. Il ne s'agit pas d'imposer une forme de bonheur, mais d'identifier des valeurs sans lesquelles il est probable que le bonheur ne puisse exister. »*

En premier lieu, il est essentiel de définir l'objectif des valeurs que nous souhaitons, car cet objectif leur donne sens et légitimité. C'est somme toute assez simple, puisque **le seul objectif recherché est le bonheur de la personne humaine** dans toutes ses dimensions, et de toute l'humanité (juste cela… !). La notion de bonheur est sans aucun doute indéfinissable, et dépend de chacun. Il existe tout de même des fondations communes du bonheur, qu'il convient de préserver. Ainsi, la paix, la liberté et la sécurité sont des composantes universelles du bonheur, alors que la solitude, la grande pauvreté ou l'oppression y sont opposées. Des principes de base comme la juste répartition des biens de la terre, l'équité ou la justice sont des préalables indispensables au bonheur du plus grand nombre. Le bonheur est cependant complexe, car il ne dépend pas d'un seul paramètre : l'opulence ne protège pas de la dépression, et notre passé, sur lequel nous n'avons plus de pouvoir, est bien souvent déterminant, tout comme l'angoisse d'un avenir que nous maîtrisons peu. **Il n'est donc, bien sûr, pas question d'imposer une forme de bonheur, mais d'identifier des valeurs sans lesquelles il est probable que le bonheur ne puisse exister.**

La subordination des valeurs

> *« Ouvrir la voie à une écologie véritablement humaine, en se préservant des dérives totalitaires que pourrait entraîner une écologie dont la finalité ne serait que la nature pour elle-*

En second lieu, il est important de subordonner notre éthique à des principes humains, afin d'éviter que la recherche d'un bien puisse causer un mal plus grand. Si l'on n'y prend garde, les valeurs peuvent devenir des outils de tyrannie et de jugement des hommes et finalement s'opposer au bonheur. Aucune valeur, aucun code éthique ne doit donc s'opposer au respect de la personne humaine dans son intégrité, au respect des peuples et des cultures, et à toute forme de Vie. **Le respect de ces principes et cette subordination ouvrent la voie à l'élaboration d'une écologie véritablement humaine, en se préservant des dérives totalitaires que pourraient entraîner une écologie dont la finalité ne serait que la nature pour elle-même.**

Un socle commun de valeurs universelles

> *« Ce qui compte, c'est de faire un pas, et encore un pas »*

En troisième lieu, le système de valeurs doit être commun à tous les hommes de toutes cultures, dès lors que l'ambition est la recherche du bonheur de chacun et de tous. Ce système pourrait ainsi être au cœur des relations interculturelles. Le but n'est pas pour autant de définir un système de valeur unique et commun à tous, dans une forme de syncrétisme. **La diversité des philosophies, des croyances et des cultures doit être respectée et valorisée ; elles peuvent cependant se rejoindre dans un socle commun. Cette**

diversité appelle au partage sans engendrer l'homogénéité et la confusion des cultures, qui diminuerait la richesse collective liée à cette diversité.

Ce principe de valeurs communes peut paraître évident – il n'a toutefois jamais été formalisé. Il n'existe comme référence que la Déclaration universelle des droits de l'Homme, qui n'est pas un système de valeurs, mais juste une liste de droits minimums devant les juridictions, sans devoirs en contrepartie. Cette déclaration est sans doute nécessaire, mais loin d'être suffisante.

Ceci étant posé comme garantie et garde-fou, il est maintenant possible de s'extraire des carcans idéologiques pour préparer la révolution de la Vie. Même s'il est évident que le paradis n'est pas terrestre, et que notre objectif n'est pas un monde parfait, il nous est possible d'œuvrer pour un monde meilleur, en améliorant l'Oïkos chaque jour davantage : ***« ce qui compte, c'est de faire un pas, et encore un pas »*** (Guillaumet, dans Terre des Hommes, de Saint Exupéry).

Droits et devoirs

> *« Un mal caractéristique d'une société individualiste est de privilégier les droits en oubliant les devoirs »*

Un mal caractéristique d'une société individualiste est de privilégier les droits en oubliant les devoirs. Or les droits d'une personne n'existent que si les autres ont le devoir de les respecter ! En recherchant toujours davantage de droits, souvent individuels, on en oublie totalement les devoirs qui garantissent ces mêmes droits – et surtout les devoirs envers le bien commun, pourtant indispensable à tous. De plus, les devoirs communs mobilisent davantage que la seule recherche des droits individuels, en engageant chacun dans une aventure solidaire, responsable, où chacun respecte ses engagements. Il ne faudrait cependant pas restreindre les relations au sein de l'Oïkos à une simple liste de droits et de devoirs, car les relations de solidarité, de gratuité ou de partage vont bien au-delà de simples conventions. **Les règles ne sont pas une finalité en elles-mêmes, elles sont au service de l'Oïkos, et donc du bonheur de l'humanité,** de la même manière que le code de la route, parfois contraignant, est au service des automobilistes pour assurer leur sécurité et leur confort.

Les valeurs personnelles : honneur et dignité

> *« L'honneur et la dignité appartiennent à chacun, à chaque être, libre de choisir lui-même son chemin pour s'élever ou s'abaisser »*

L'une des pierres d'angle des valeurs individuelles est la dignité de toute personne, qui doit être préservée et respectée bien au-delà de ses simples droits. La dignité est liée à l'honneur de chacun, car l'honneur dépasse la simple question de réputation – comme auraient tendance à le croire les médias. L'honneur n'est pas une habitude désuète et archaïque de quelques chevaliers moyenâgeux, de duellistes susceptibles. Il n'est pas réservé exclusivement aux Légionnaires étrangers donnant leur sang pour le pays qui les accueille. Il correspond à une réalité d'une incroyable modernité. L'honneur et la dignité sont indépendants de l'apparence, de la beauté ou de la force physique, de la richesse ou du pouvoir. **L'honneur et la dignité appartiennent à chacun, à chaque être,**

libre de choisir lui-même son chemin pour s'élever ou s'abaisser. C'est la fidélité à nos engagements et à nos valeurs qui fonde notre honneur. L'honneur se trouve dans la reconnaissance de la dignité des autres, dans la solidarité, dans le respect de la Vie ; c'est donc bien un guide qui oriente nos actions en liberté, et non une contrainte externe dictée par quelque code dogmatique. L'honneur n'est pas inhumain, car il exprime une dimension transcendante de l'humanité. **Dans un monde matérialiste où l'on voudrait ramener la dignité à l'apparence physique par la pression des modes et la puissance de l'image, nous voulons rappeler que le plus petit, le plus faible ou le plus vulnérable a souvent plus d'honneur que le puissant, justement par la façon dont il gère sa petitesse et sa faiblesse.** A la base de l'honneur et de la dignité se situent d'autres valeurs indispensables au fonctionnement des communautés humaines, et qui dépassent le cadre du droit et de la loi. On ne peut en effet établir des relations de solidarité vraies et durables sans loyauté, honnêteté et droiture, et il est temps de leur redonner du poids et de la reconnaissance.

La dignité de la personne dépasse très largement les seules dimensions physiques et juridiques pour recouvrir l'intégralité de la personne, dans sa dimension spirituelle, dans ses convictions et ses croyances, dans son histoire et sa culture. La richesse de l'individu est à la base de la richesse des échanges qu'il établit avec les autres, et cette richesse ne peut être réduite aux aspects matériels. Il est donc essentiel que l'Oïkos favorise cette richesse et la reconnaisse.

Les valeurs relationnelles : respect et solidarité

> *« La simple somme des intelligences individuelles ne parviendra jamais à l'efficacité d'une intelligence collective pour la construction de l'Oïkos »*

Les devoirs partagés permettent la reconnaissance de chaque individu au sein de la société en fonction de ses aptitudes. La réalité naturelle démontre à chaque instant les interrelations et interdépendances entre les humains, mais aussi entre les humains et les non-humains, avec qui nous avons une communauté d'intérêt à court terme, et une communauté de destin à long terme. Or celui qui veut s'élever seul devra le plus souvent abaisser les autres, et donc détruire une partie du potentiel d'échange. Cette communauté de destin indique clairement que le développement de l'humanité se fera dans le partage et la solidarité, seuls capable de permettre une co-construction de l'avenir. Ainsi, partage et solidarité ne sont pas seulement des valeurs humaines personnelles, mais une nécessité quasi-technique pour le développement, car ces valeurs facilitent l'intelligence collective qu'il nous faudra déployer. Les enjeux liés aux crises à venir nous « condamnent » à la solidarité et au partage. Réjouissons-nous, il y a pire comme condamnation ! C'est une situation unique dans l'histoire de l'humanité, et ne pas saisir cette opportunité participerait à la dégradation continue de l'Oïkos, et donc de notre bien-être. Solidarité et partage sont en premier lieu des devoirs permettant le respect de la dignité de tous, mais aussi des moteurs de développement.

La simple somme des intelligences individuelles ne parviendra jamais à l'efficacité d'une intelligence collective pour la construction de l'Oïkos. Que personne ne prétende que c'est une utopie, car toutes les grandes réalisations de l'humanité se sont accomplies dans cette forme d'espérance, tournée vers une volonté commune et positive. Notre Europe, pourtant bien souvent meurtrie et déchirée, ne serait pas ce qu'elle est s'il n'y avait eu des hommes et des femmes portant ces valeurs fondamentales pour s'opposer aux forces de destruction. **Relevons-nous et redressons la tête, l'aventure humaine n'est pas terminée dès lors que nous voulons la vivre ensemble.** Cette certitude que nous sommes héritiers des défenseurs des valeurs humaines qui ont construit le monde nous permet plus de sérénité : nous avons des racines, nous avons des pères qui ont portés ces valeurs, et nous aurons des enfants pour nous suivre. Nous ne sommes donc pas seuls à porter ces valeurs, ni dans l'espace, ni dans le temps.

Justice et équité

> *« Si l'égalité des droits est un préalable à toute société juste, elle n'assure pas pour autant la justice et l'équité pour tous. »*

L'une des forces de la Vie est d'innover sans cesse, de créer des différences et de la diversité, permettant l'adaptation à toutes les étapes de l'évolution par la complémentarité. La vision commune de l'Oïkos et de l'avenir ne veut pas dire l'uniformité des destins individuels, car c'est justement la diversité, richesse de l'humanité, qui facilitera l'innovation et la création. Ainsi faut-il dépasser la simple recherche de l'égalité. **Si l'égalité des droits est bien entendu un préalable à toute société juste, elle n'assure pas pour**

autant la justice et l'équité pour tous. L'équité n'est pas réductible à l'égalité, et elle implique une justice distributive, permettant à chacun de bénéficier d'une part des biens de la terre, au-delà de l'égalité des droits. On peut admettre une certaine disparité dans l'accès aux richesses, mais c'est le niveau de disparité atteint actuellement qui n'est plus acceptable. Ainsi apparaît le devoir, pour ceux qui ont davantage de ressources, de ne pas laisser se creuser un fossé inacceptable au regard de la dignité humaine.

Liberté du partage et gratuité

> *« La solidarité consiste à reconnaître que nous sommes tous responsables de tous, et ne peut donc être déléguée uniquement à l'Etat »*

Chaque personne est libre de ne pas respecter les valeurs humaines, et peut ainsi décider d'infliger du mal et de la souffrance à autrui, ou de ne pas respecter ses devoirs. Cette liberté de choix ne bannit pas pour autant la réalité des valeurs. L'égoïste individualiste est libre de son comportement, mais j'ai aussi la liberté d'affirmer que ce comportement est contraire aux valeurs de l'Oïkos. Cette liberté de choisir donne davantage de force aux valeurs elles-mêmes. Le développement des valeurs ne se fait pas par la contrainte. En contrepartie, les comportements respectant les valeurs et favorisant le développement de l'humanité doivent être promus et mis en valeur au lieu d'être raillés et méprisés. C'est l'acceptation commune et libre de ces valeurs, l'engagement, la fidélité à cet engagement, et l'éducation des plus jeunes qui seront les principaux moteurs de leur déploiement. **Les devoirs sont avant**

tout une responsabilité de chacun de participer à la construction commune plutôt que des obligations imposées de l'extérieur.

L'une des bases essentielles de l'Oïkos est la gratuité, et la reconnaissance de cette gratuité. La solidarité imposée, sous la forme de redistribution fiscale par exemple, a beaucoup moins de sens que la solidarité gratuite et volontaire. **La solidarité dans son principe consiste à reconnaître que nous sommes tous responsables de tous, et elle ne peut être déléguée uniquement à l'Etat.** Comme les autres dépendent de nous, nous dépendons des autres. Cette solidarité est régie en premier lieu par une justice fondée sur les valeurs humaines et la gratuité (justice distributive et justice sociale), et ne peut se réduire à une justice « commutative », c'est-à-dire simplement régie par des relations contractuelles d'équivalence.

Les femmes et les hommes donnant gratuitement d'eux-mêmes sont des pionniers et des bâtisseurs d'avenir, et non des naïfs, rêveurs ou utopiques. Si nous ne croyons pas à cette capacité de création positive au sein de l'humanité, il ne faut plus souhaiter une société meilleure, et nous devrons nous contenter de la situation actuelle, avec ses conséquences négatives assez prévisibles. Encore une fois, nous n'inventons rien, car cela s'est déjà produit : nous sommes héritiers de celles et ceux qui ont donné gratuitement pendant des siècles pour construire un monde humain, et nous ne pouvons simplement pas nous arrêter maintenant ! La civilisation de la solidarité se fonde sans doute sur un rêve : tant mieux, puisque ce sont les rêves qui font évoluer le monde. Ce rêve est de surcroît une nécessité biologique et écosystémique, car la coopération est, depuis des millions d'années, à la base du fonctionnement des écosystèmes dont nous dépendons.

Les institutions et l'organisation de l'Oïkos doivent favoriser ces principes, et soutenir les valeurs humaines. Puisque nous vivons une époque révolutionnaire, il est temps de nous détacher du passé et de regarder notre avenir en acceptant de changer notre devise, et en remplaçant « Liberté, Egalité, Fraternité » par « Liberté, Dignité, Fraternité », sans oublier que la fraternité implique le partage, la solidarité, le respect et la gratuité.

Le développement et la mondialisation

Pour développer quoi ?

> *« L'économie est un outil au service de l'Oïkos, et donc de l'humanité, ce n'est pas une finalité. La vraie croissance à rechercher est celle de l'Homme, dans sa dignité. »*

Il est impossible de parler d'une vision de l'avenir sans parler de développement, ne serait-ce qu'en raison de la croissance démographique qui nécessite le développement de nouveaux moyens pour assurer la sécurité et la paix de tous. Le terme « développement » est toutefois utilisé pour tellement de configurations qu'il est souvent difficile de savoir à quoi il se réfère, ni à quel périmètre. Le terme « développement » dans « développement durable » n'est pas toujours défini, ce qui permet tous les excès. Que voulons-nous développer durablement ? Le PIB de l'économie occidentale, ou le bien-être de tous ? Si le développement est seulement économique, permettant l'enrichissement de quelques-uns, il peut très facilement paraître « durable », mais laisse sur le bord du chemin une partie de l'humanité. Avant de chercher la « durabilité », il faut définir en premier lieu ce que l'on veut développer. Si l'on reprend notre système de valeurs, il est évident que ce ne peut être l'économie ou l'activité pour elles-mêmes, car **l'économie est un outil au service de l'Oïkos, et donc de l'humanité, ce n'est pas une finalité.**

L'objectif est le développement humain, le développement de l'humanité et de son bonheur, et le développement de toutes les formes de Vie. En premier lieu et en urgence, avant toute autre forme de prospérité, le développement a pour objectif de faire sortir les plus fragiles de la misère, des maladies, de la peur – à travers le monde mais aussi en France... Le développement de la Vie ne peut être limité à quelques aspects, et a un caractère systémique assurant sa cohérence. **Le développement humain promeut l'homme dans son intégrité physique et spirituelle – tous les hommes en interrelations dans le respect des cultures, et en interdépendance avec l'évolution des autres espèces et des écosystèmes.** Il peut donc y avoir de nombreuses formes de développement, en fonction des thèmes, des périmètres ou des échelles, qui sont toujours soumises au principe de respect de la Vie et ainsi hiérarchisées. Tout ce qui permet de développer nos valeurs humaines fondamentales est conforme au projet d'Oïkos. Développer le bonheur, la paix, la liberté ou la prospérité sont de vrais objectifs. Le développement économique est parfaitement légitime s'il contribue à ce développement humain. Dès lors, on ne peut plus confondre croissance, évolution et développement. Les objectifs de croissance d'aujourd'hui, correspondant à des flux économiques mesurés uniquement par le PIB, sont déconnectés des réalités des ressources. Ils ne peuvent en aucun cas être suffisants par eux-mêmes. L'argument de la croissance pour combler les déficits publics et alimenter les caisses de l'état n'est pas non plus admissible, car on ne peut combler des dettes sur le dos de l'humanité et de la Vie. **La vraie croissance à rechercher est celle de l'Homme, dans sa dignité.** La Vie nous indique le chemin de la vraie croissance : à partir d'un organisme unicellulaire il y a 3,8 milliards d'années, elle a créé, construit, organisé, produit, évolué, avec le soleil comme seule source d'énergie, et des ressources locales. **Notre développement doit donc être comparable à celui de la Vie,**

fondé sur la création de richesses pérennes, et non sur la seule consommation.

L'intégrité, l'harmonie et la cohérence de notre Oïkos mondial, et de tous nos Oïkos, quelles que soient les échelles, est le seul objectif du développement, dans le respect des valeurs humaines.

Nous voici maintenant équipés d'un critère permettant le discernement dans les projets de développement.

La mondialisation est-elle opposée à l'Oïkos ?

« La mondialisation n'est pas intrinsèquement bonne ou mauvaise, elle sera ce que nous en ferons »

Nombre de débats sur l'avenir de la biosphère se réduisent souvent à des réflexions sur les effets de la mondialisation, le pouvoir des grandes firmes ou de la finance... La lutte contre le système devient le seul moteur. En beaucoup de militants sont avant tout opposés au processus de globalisation ou au système capitaliste, sans assurer pour autant que les modèles alternatifs permettront un vrai développement de l'humanité et de la Vie. Il est vrai que la réalité de la misère et des inégalités leur donne des arguments indéniables pour justifier une opposition systématique au modèle actuel. Les organisations ou institutions qui permettent des systèmes d'échange financiers ou commerciaux asservissant l'homme et la Vie à des intérêts particuliers et égoïstes sont en effet inacceptables.

La mondialisation est cependant un fait et une réalité, qui se trouve accélérée par les avancées en matière de communication, et ne peut plus être considérée comme un simple choix de société, réversible en tant que tel. En conséquence, il est illusoire de s'y opposer : on n'arrête pas la marée. De plus, elle est surtout une extraordinaire occasion de redistribution des richesses et de prospérité pour l'humanité, si l'on applique les principes de valeur de l'Oïkos. **La mondialisation n'est pas intrinsèquement bonne ou mauvaise, elle sera ce que nous en ferons.** Le combat d'aujourd'hui consiste donc à corriger les dysfonctionnements flagrants de la mondialisation afin d'en faire la meilleure opportunité qui nous soit offerte de sortir l'humanité de la crise économique et écologique. La mondialisation a permis un accroissement considérable de la richesse, engendrant parallèlement un accroissement tout aussi considérable des inégalités et de la pauvreté. On ne peut oublier que les erreurs actuelles du système mondialisé sont directement à l'origine de crises graves et de division. Il faut donc s'attacher à résoudre les effets pervers de la mondialisation pour assurer la pérennité des richesses produites par la mondialisation et leur utilité commune.

Le développement technique ne suffit pas pour le développement humain

> *« Le vrai développement, celui de l'Homme et du bonheur de l'humanité, n'est pas garanti par la recherche technologique, qui est une condition nécessaire mais pas suffisante »*

Le développement et le bonheur sont intimement liés dans nos esprits à la notion de progrès technique. Il est vrai que de fantastiques innovations, en particulier au cours des siècles récents, ont considérablement amélioré notre qualité de vie et notre survie.

Il est toutefois faux de prétendre que ces progrès techniques ont remplacé la nature : ils ont optimisé les bienfaits de la nature sans s'y substituer, et la dégradation des écosystèmes ne peut être compensée par les prouesses techniques. De plus, le développement technique n'est pas synonyme de bonheur et de solidarité, fondements des valeurs de l'Oïkos. **Ainsi, même si la pauvreté et la misère ont toujours existé, nous n'avons jamais eu simultanément autant de pauvreté et de misère – ni autant de connaissances techniques et de ressources pour les résoudre. Ce qui veut dire que le vrai développement, celui de l'homme et du bonheur de l'humanité, n'est pas garanti par la recherche technologique, qui est une condition nécessaire mais pas suffisante.** La technique participe indéniablement au développement de l'homme, elle lui est sans aucun doute indispensable. Elle nécessite toutefois de mettre en œuvre les valeurs humaines, et de respect de la Vie. Il serait risqué d'espérer uniquement dans la technique pour assurer le développement, et nous devons nous émanciper de la technocratie comme seule règle de gouvernance. Il est tout aussi absurde d'idéaliser le progrès technique, en le considérant comme l'unique moyen de développement, que de considérer les services de la nature comme suffisants à notre bien-être. Dans les deux cas, c'est faire abstraction de la dimension humaine de la société, de la liberté et de la responsabilité des personnes. Notre bien-être dépend de l'équilibre entre les deux piliers fondamentaux que sont les services de la nature et la technologie. Les progrès techniques optimisent simplement des biens et des services qui existent depuis des milliards d'années, et les hommes ont le devoir de répartir ces biens et ces services équitablement. La foi en la raison et en l'intelligence de l'homme comme seules solutions nous masque la réalité de la Vie, et nous fait perdre toute humilité, toute prudence. **L'économie au service de la Vie signifie que la technique accompagne la Vie, tout en étant encadrée par les principes de base des valeurs humaines.**

Sortir des crises

> *« Les plus faibles ne seront alors plus une charge, mais une opportunité pour le développement. »*

La misère, la violence, la faim et la soif sont les conséquences du non-respect des valeurs de l'Oïkos. Elles ne sont pas dues à un manque de moyens, à une insuffisance technique ou aux limites des écosystèmes. **La bêtise et l'égoïsme génèrent la misère.**

En cherchant à optimiser les biens et services rendus par la nature, au moyen d'une recherche technologique responsable et solidaire, fondée sur la justice, il est non seulement possible de résoudre un grand nombre de situations inacceptables, mais aussi d'engager l'économie dans une voie capable de résoudre la crise mondiale actuelle. Relancer l'économie, dans le respect de la Vie, avec pour objectif le bonheur de tous et en particulier, celui des plus pauvres, n'est pas un projet compliqué : il suffirait pour cela d'adhérer aux valeurs humaines, et donc de faire des choix libres et responsables. **La lutte contre la pauvreté doit être considérée comme un objectif économique prioritaire, levier de développement à la fois pour les riches et les pauvres. Les plus faibles ne seraient alors plus une charge, mais une opportunité pour le développement.** Cela permettrait de sortir des logiques d'assistanat, en apportant des outils à chacun pour assumer son autonomie et regagner sa dignité. **L'individualisme et l'égoïsme ne sont pas des fatalités, mais des choix individuels qui peuvent être contrecarrés par d'autres choix individuels, à tous les niveaux de la société.**

Les institutions de l'Oïkos

Subsidiarité et suppléance

> *« La meilleure solution à un problème est toujours celle qui est adaptée au contexte ! »*

De même que le progrès technique est nécessaire, mais pas suffisant, les institutions ne peuvent suffire à garantir le développement humain et la dignité de tous. Notre époque moderne considère que l'individu doit avoir des droits, alors que les institutions, en particulier l'Etat, sont les seules à avoir des devoirs pour garantir ces droits. En corollaire, les responsabilités sont abandonnées aux seules institutions, qui deviennent mécaniquement de plus en plus centralisées pour simplifier la résolution des multiples questions individuelles. Or le respect des valeurs humaines incombe à chacun, la solidarité est du devoir de tous. **La meilleure solution à un problème est toujours celle qui est adaptée au contexte et développée au plus près de ce problème. C'est le principe de subsidiarité, un des fondements de toutes les institutions de l'Oïkos.** Il s'agit là d'une garantie de responsabilité, de liberté, d'autonomie, de respect et de dignité : chacun est reconnu pour son rôle dans la création de valeurs communes. Le principe de subsidiarité consiste à laisser systématiquement au plus petit échelon le soin de résoudre un problème, d'élaborer des solutions, sans chercher à uniformiser ou centraliser. Ce n'est que lorsque cet échelon nécessite des moyens complémentaires, qui ne sont pas à son niveau, que s'applique le principe de suppléance, mettant en œuvre le niveau immédiatement supérieur. La subsidiarité et la suppléance forment donc un système cohérent fonctionnant dans les deux sens, qui ne peut être rigide. Il existe des situations où l'échelon supérieur possède une meilleure vue d'ensemble, et doit donc initier l'action. Les principes de subsidiarité et de suppléance permettent des innovations et des expériences adaptées aux contextes, afin de favoriser l'adaptation et l'évolution – les meilleures réussites pouvant ensuite être dupliquées si nécessaire. Il s'agit encore d'une vraie révolution des mentalités, puisque cela demande d'abandonner un grand nombre de tutelles techniques et administratives. Ces principes ne veulent pas dire anarchie, ni autosuffisance. Ils requièrent en effet des directives communes et des règles précises d'exécution : **les institutions de l'Oïkos fixent le cadre dans lequel les différents échelons doivent trouver les solutions, et leur en donnent les moyens si nécessaire.** Elles n'ont pas pour rôle de trouver les solutions elles-mêmes. **Les gouvernements peuvent encadrer, éviter les excès, réguler, favoriser la justice, mais non décider et faire à la place des communautés, des territoires ou des régions. Chaque individu et chaque cellule étant humainement responsables.**

La régulation mondiale

> *« Il est indispensable de mettre en place des institutions pour une régulation mondiale afin d'assurer la justice, la destination universelle des biens de la terre, la dignité des peuples et des personnes, sans pour autant rechercher un pouvoir exécutif globalisé, risque majeur pour la liberté, la démocratie et les valeurs de l'Oïkos »*

Le principe de subsidiarité est aussi le meilleur moyen de résoudre les dysfonctionnements liés à la mondialisation. Les nouvelles forces économiques et la dérégulation ayant considérablement affaibli les pouvoirs des institutions locales et les capacités d'agir des états, il devient indispensable de mettre en place des régulations à tous les niveaux, qui s'appuient sur un socle de valeurs communes respectées par chacun. Les institutions arbitrent alors en vue d'assurer la cohérence des actions et de fournir les moyens nécessaires plutôt que d'agir elles-mêmes.

La gouvernance mondiale est un danger réel et grave si elle se développe en dehors du principe de subsidiarité. Elle tendrait à concentrer encore le pouvoir vers des personnes n'ayant aucune légitimité ni assise démocratique, et pourrait s'opposer rapidement au développement humain en tentant d'uniformiser et de régir les moindres aspects des échanges et de la Vie des personnes. **La standardisation, la concentration, l'uniformisation n'existent pas dans les écosystèmes, car elles s'opposent à l'évolution par la diversité.** Le principe de subsidiarité consiste à s'inspirer du fonctionnement des mécanismes vivants pour s'adapter et à utiliser les contraintes comme des opportunités, en premier lieu au niveau international.

Il est indispensable de mettre en place des institutions pour une régulation mondiale afin d'assurer la justice, la destination universelle des biens de la terre, la dignité des peuples et des personnes, sans pour autant rechercher un pouvoir exécutif globalisé, risque majeur pour la liberté, la démocratie et les valeurs de l'Oïkos.

Repenser nos institutions pour une démocratie au service de l'Oikos

« Nous pouvons redéfinir nos institutions, en situation d'échec, à l'aune de l'Oïkos, sans esprit conservateur. »

La révolution de la Vie appelle aussi à une révolution des institutions. L'ampleur des enjeux et des crises sociales, économiques et écologiques nous invite à réfléchir à des formes totalement nouvelles, à l'image des défis de l'avenir. **Nous pouvons redéfinir nos institutions en situation d'échec à l'aune de l'Oïkos, sans esprit conservateur.** La république centralisée est un ancien régime, correspondant à l'ancien paradigme – elle est adaptée à la réalité du monde d'hier. Il faut maintenant penser à demain, en définissant des institutions pour les valeurs humaines, respectant les principes de subsidiarité et de suppléance, favorisant de nouvelles formes d'initiative et de relations pour la préservation du bien commun. Ces institutions doivent avant tout favoriser la capacité d'évolution et d'innovation, pour des mutations rapides et sans violences. L'ancienne république n'était pas une fin, mais un moyen au service des peuples. Beaucoup de républiques ne sont d'ailleurs pas des démocraties, et beaucoup de démocraties ne sont pas des républiques. C'est la dimension démocratique qui est fondamentale dans nos institutions, dont la finalité est le respect de la personne humaine et de la Vie, en préservant l'autonomie, la liberté, la responsabilité des citoyens.

Les principes économiques

L'économie de « l'ancien régime »

> *« Il s'agit de construire un nouveau modèle économique, qui remplacera progressivement l'ancien devenu obsolète, en fixant comme sens et finalité de l'économie la Vie et l'humanité. »*

La cohérence de l'Oïkos demande d'améliorer le bien-être, le respect et la dignité de chaque homme, de tous les hommes. L'économie revient ainsi à la place qu'elle n'aurait jamais dû quitter : elle est au service de l'Oïkos, de la Vie, de l'Humanité. Cela paraît tellement évident qu'on en oublierait presque que c'est loin d'être le cas aujourd'hui. Certes, l'économie produit des services dont nous, Occidentaux, ne pouvons que nous réjouir puisque nous en sommes les principaux bénéficiaires. Nous ne pouvons cependant pas en négliger les impacts négatifs, les destructions sociales et écologiques qui ne sont pas intégrées dans la chaîne de valeur. **Aucune règle n'oriente aujourd'hui l'économie vers le service de l'Homme et de la Vie.** Tout le principe de « l'ancien régime » repose sur la conviction que, si l'on mise sur la maximisation des profits à tous les étages, les merveilleuses « règles du marché » vont vertueusement et mécaniquement augmenter le bien-être de tous. Cela interdit alors toute régulation ou même contrôle extérieur pour vérifier la réalité du cercle vertueux espéré, qui reste du domaine incantatoire. **Ceux-là même qui bénéficient du système économique sont chargés de l'évaluer, et ils nous annoncent donc régulièrement que l'on ne pourra pas trouver mieux. Les dommages collatéraux de ce système sont tout simplement ignorés dans le bilan, puisque la destruction de**

valeurs humaines ou naturelles ne fait pas partie des formules de calcul. Il existe par conséquent toute une série de coûts générés par les processus économiques, qui sont payés par d'autres – d'autres qui ne font, eux, aucun profit. C'est ce qui s'appelle « externaliser des charges », ou bien **«générer des externalités négatives »,** avec bien sûr une « internalisation des profits ». Nous conservons notre qualité de vie occidentale parce que d'autres, en France ou à l'étranger, perdent leur santé, leur liberté ou leur patrimoine naturel. Une observation globale du monde d'aujourd'hui démontre bien que l'économie n'est pas au service de l'humanité, encore moins de la Vie. Elle sert une minorité, à laquelle nous appartenons en tant que citoyens occidentaux. Car nous ne parlons pas uniquement de quelques firmes internationales anonymes et nébuleuses, nous servant de boucs émissaires pour nous déculpabiliser : **nous parlons d'une société de consommation, vivant dans l'opulence, et composée de consommateurs qui portent une vraie responsabilité par leurs comportements individuels cumulés.** Il est aujourd'hui impossible de supprimer les effets négatifs de cette machine incontrôlable, servant des intérêts particuliers plutôt que le bien commun. Pour autant, il est inutile et risqué de vouloir détruire cette machine qui continue tout de même à assurer une bonne partie de notre quotidien. Les principes de l'Oïkos sont fondés sur une vision positive du monde, où nous cherchons à construire, plutôt qu'à détruire ou nous opposer. **Il s'agit donc maintenant de construire un nouveau modèle économique, qui remplacera progressivement l'ancien devenu obsolète, en fixant comme sens et finalité de l'économie la Vie et l'humanité.** Le changement doit se faire progressivement et volontairement, en créant un modèle meilleur, générant davantage de valeurs tant pour les entreprises que pour les salariés, les actionnaires et les écosystèmes.

Le sens de l'économie de l'Oïkos

> *«Les décisions économiques ne peuvent se substituer aux décisions politiques garantissant le respect du bien commun, la justice et la redistribution. »*

Le principe de l'économie au service de l'Oïkos doit être posé comme un principe de base non négociable, ce qui signifie que le nouveau modèle économique intégrera impérativement les valeurs de l'Oïkos. Il ne s'agit pas de supprimer la concurrence, la compétition ou le profit, mais de vérifier que ces notions respectent les valeurs fondamentales, la dignité de l'Homme et la Vie. Les règles ne sont d'ailleurs pas absentes du système économique actuel, puisque le droit commercial, basé sur le respect des contrats et la libre concurrence, régit le monde entier. Appliquer des règles à un modèle économique n'est donc pas un problème, et l'objectif est simplement de fixer les bonnes règles. Les régulations actuelles sont basées sur le principe de la justice commutative, c'est-à-dire qu'elles règlent les échanges selon une égalité arithmétique : le vendeur et l'acheteur échangent des biens ou des services en s'assurant de l'équivalence en valeur de la transaction, sans aucune considération pour les autres parties prenantes. Il faut donc ajouter des régulations intégrant le principe de justice distributive et intergénérationnelle, et permettant d'inclure dans tous les échanges l'ensemble du bien commun éventuellement consommé. Toute décision économique a obligatoirement des conséquences sociales ou écologiques qui ne peuvent être ignorées. L**es décisions**

économiques ne peuvent en aucun cas se substituer aux décisions politiques garantissant le respect du bien commun, la justice et la redistribution. Cette hiérarchie reconnaît par ailleurs le rôle indispensable et positif de l'économie, en la situant simplement dans un cadre conforme aux valeurs de l'Oïkos. On ne peut séparer l'économie de la politique : ces deux aspects doivent être ordonnés en vue du bien commun, avec des moyens différents et complémentaires.

Critère de discernement : intégration écologique

> *« La logique du temps court d'aujourd'hui est une des causes principales des dysfonctionnements économiques »*

Cette organisation de l'économie requiert une véritable éthique, dans tous les secteurs. Cela nécessite des changements de modèles, bien au-delà du « développement durable » ou de la « Responsabilité Sociétale des Entreprises » que l'on pratique aujourd'hui, et qui permettent d'acheter des indulgences par quelques « bonnes pratiques ». Le modèle économique doit intégrer en son sein et à tous les niveaux des mécanismes de régulation, en laissant toutefois une grande liberté aux acteurs dès lors qu'ils respectent les règles et les valeurs de l'Oïkos.

Il est donc nécessaire d'élaborer une **matrice de critères de discernement** pour identifier la conformité des actes et des acteurs économiques avec les principes de l'Oïkos. Cette matrice de critères objectifs doit être systémique, et contrôler l'ensemble des impacts sociaux et écologiques de manière rigoureuse et sur l'ensemble de la chaîne de création de valeur. Elle ne doit en aucun cas, sous couvert d'une éthique dévoyée, permettre des décisions contraires à la justice ou au bien commun. Elle doit ainsi vérifier que toute consommation de capital naturel ou humain est bien intégrée dans les prix de transaction pour être restituée. Ce n'est pas à nos enfants, aux plus pauvres ou à la biosphère de payer les factures, mais aux consommateurs. **La réintégration des externalités négatives – c'est-à-dire des coûts humains ou écologiques non assumés par l'entreprise – permettrait d'éliminer les formes de *dumping* qui déséquilibrent à la fois notre économie et notre monde.**

La conformité des entreprises ou des organisations avec cette matrice prendrait en compte les temps longs, pour **sortir de la logique de temps court d'aujourd'hui, qui est une des causes principales des dysfonctionnements économiques.**

La finalité de ces critères est ***l'intégration écologique***, qui consiste à ne développer que des entreprises compatibles avec l'Oïkos sur le long terme, c'est-à-dire compatibles avec le développement de l'homme et de la Vie : c'est «l'œcompatibilité » (qui signifie donc *compatible à l'Oïkos sur le long terme*).

Une méthode : l'œcompatibilité

> *« Un produit, service ou organisation est œcompatible s'il est compatible sur le long terme avec la préservation des écosystèmes et des socio-écosystèmes, et permet leur adaptation et leur évolution dans des échelles de temps correspondant aux dynamiques biologiques »*

L'intégration écologique est possible par l'œcompatibilité des biens, des services et des organisations.

Un produit, service ou organisation est œcompatible s'il est compatible sur le long terme avec la préservation des écosystèmes et des socio-écosystèmes, et permet leur adaptation et leur évolution dans des échelles de temps correspondant aux dynamiques biologiques. Il concourt à maintenir la disponibilité des services rendus pas les écosystèmes. De manière générale, pour qu'un produit ou service soit œcompatible, on doit pouvoir lister et estimer l'ensemble des externalités (impacts externes), directes ou indirectes, et les intégrer dans les prix par des mesures de réduction, dédommagement ou compensation. L'exclusion des externalités négatives dans le modèle actuel est **une grave FAUTE de gestion**, dont le but est de dégager une forte rentabilité immédiate, puisque l'on profite gratuitement de nombreux biens et services, sans financer la recapitalisation et sans assurer la pérennité nécessaire sur le long terme. Cette méthode repose sur l'idée que le bien commun est gratuit et à la disposition de tous, en oubliant que l'on constatera sa valeur lorsqu'il aura disparu. La gratuité du bien commun n'a pas de sens sur le plan économique : le bien commun a une disponibilité limitée, et peut être détruit par la consommation. Sa disparition entraînera une perte de valeur, et cette réalité doit être intégrée en comptabilité.

Le service, produit ou organisation œcompatible doit aussi prouver qu'il a un bilan positif en termes de bien-être et de qualité de vie, en prenant en compte toutes les parties prenantes. Un dernier critère essentiel est l'universalité des produits, services ou organisations œcompatibles. Cela n'a en effet aucun sens de chercher des solutions technologiques qui seront utilisables seulement par une minorité de pays privilégiés. Les solutions doivent pouvoir être généralisées à terme à toutes les sociétés, y compris dans les pays en développement, sans barrières technologiques ou financières, en anticipant une population à 9 milliards de personnes. Ce dernier point, très rarement pris en compte dans les recherches technologiques du « développement durable », est à la base même du développement de l'Oïkos.

L'intégration de l'ensemble des externalités (coûts externes non assumés et impacts non compensés) dans la valeur des produits est simplement un acte de bonne gestion et de bon sens. Il est logique que l'ensemble des coûts économiques, sociaux et écologiques liés à la consommation de ressources naturelles et du bien commun soit supportés par ceux qui en profitent, et non par d'autres peuples ou par nos enfants. Cela paraît tellement évident et juste que l'on se demande comment nous faisons aujourd'hui pour supporter ces dérèglements.

Monnaie, investissement et profit

> *« La monnaie a été détournée de sa nature.*
> *De moyen, elle est devenue une fin. »*

Tout notre système actuel repose sur une méthode de financement de l'économie qui lui a donné son nom : le capitalisme. Le capitalisme n'a pas de dimension morale, bonne ou mauvaise. C'est simplement le bon ou mauvais usage que l'on en fait qui orientera sa finalité. Le capitalisme est un bon outil lorsqu'il permet à des entreprises ayant besoin de se développer, afin de servir l'Homme et la Vie, d'avoir accès à des moyens financiers pour réaliser ce développement.

Il en est de même avec la monnaie, qui a cependant été détournée de sa nature. La monnaie est un moyen d'échange permettant la fluidité et la simplicité des actions commerciales. **De moyen, elle est cependant devenue une fin**, en tant qu'indicateur essentiel de réussite sociale. Les valeurs de l'Oïkos, en particulier le principe de gratuité, permettent de redonner à la monnaie et à l'investissement leur dimension d'outils destinés à favoriser les échanges et le développement humain, afin d'éviter qu'ils ne soient utilisés à des fins uniquement individuelles et égoïstes.

Le profit répond aux mêmes critères : il n'est pas intrinsèquement mauvais – au contraire, puisqu'il est la conséquence d'une création de valeur. Il ne peut toutefois être accaparé par un seul groupe. Le profit est le fruit de l'œuvre de nombreux acteurs dans la transformation des ressources de la terre. Il doit donc être redistribué équitablement en fonction de l'implication de chacun. La visée exclusive du profit s'oppose à l'Homme, à la Vie et à l'Oïkos, puisqu'elle a pour conséquence la destruction de richesses et du bien commun. Un profit minimum est impératif pour une entreprise, en vue de pérenniser son développement, mais la maximisation du profit n'est pas le but de l'entreprise œcompatible. Les institutions de l'Oïkos devront donc mettre en œuvre les outils de régulation nécessaires pour que la monnaie et la finance redeviennent des moyens et non des buts.

Les familles de capitaux

> *« Les seules richesses vraiment créées le sont par l'Homme et la nature, et non par la finance et l'industrie »*

Comme nous venons de le voir, la révolution consistera en tout premier lieu à remettre l'économie dans le bon sens, c'est-à-dire dans le sens de la marche en avant pour un monde meilleur. Une fois la finalité posée, considérons les moyens dont nous disposons pour l'atteindre. Toute la production économique repose sur la mise en relation de différentes ressources, organisées en familles de capitaux. La base de notre économie est constituée par le capital naturel, c'est-à-dire les ressources mises à notre disposition par la terre. Elles sont le plus souvent liées au fonctionnement de la Vie, soit présente (agriculture, bois, fibres...), soit passée (pétrole, calcaire, charbon...). Le capital humain (les femmes et les hommes) transforme ces ressources grâce au capital industriel (les machines). Le capital financier permet le développement de l'activité, entre autres par la recherche et l'investissement dans de nouveaux outils. Le dysfonctionnement majeur de notre économie d'aujourd'hui est d'attribuer une place prépondérante aux familles de capitaux financiers et industriels, en considérant à tort que les deux autres familles sont en quantité illimitée et donc sans valeur du point de vue économique. La première erreur intrinsèque est par conséquent de ne pas reconnaître la place essentielle de l'Homme et de la Vie dans l'ordre des priorités, et la seconde d'ignorer que **les seules richesses vraiment créées le sont par l'Homme et la nature, la finance et l'industrie n'ayant qu'un rôle de transformation.** Tous les coûts humains et écologiques sont en réalité des pertes économiques qu'il faudra payer à un autre endroit ou une autre époque. Inversement, les pertes économiques engendrent automatiquement des coûts humains ou naturels. L'économie de l'Oïkos doit donc permettre de remettre à l'endroit la hiérarchie des familles de capitaux, pour une distribution juste et efficace des profits garantissant la pérennité de nos sociétés humaines. Le principe de la hiérarchie des valeurs de l'Oïkos nous amène à considérer l'Homme et la Vie comme les premiers capitaux à préserver. La réintégration des externalités a pour objet de rémunérer les familles de capitaux délaissées par le modèle actuel, afin de conserver et développer ces capitaux, créateurs de valeurs. La consommation ou la destruction de la Vie, ainsi que les atteintes à la dignité de l'Homme, ne peuvent plus être gratuites.

3ème partie :
La mise en œuvre de l'Œtopie

Les outils institutionnels

Les bases étant ainsi posées, reste à définir la méthode permettant de l'atteindre. En effet, l'objectif doit être la **réalité** de demain – il ne s'agit pas d'inventer une nouvelle idéologie ou une nouvelle utopie, qui ne génèreraient que poèmes ou violence. Au lieu de l'utopie, c'est-à-dire le lieu qui n'existe pas, recherchons **l'Œtopie**, « Oïkos topos », le lieu qui favorise la Vie, le lieu de la Vie meilleure.

La première ressource indispensable à la réussite de ce projet est la détermination de chacun et de tous. Une minorité de personnes décide actuellement du sort d'une majorité en s'appuyant sur un système obsolète. Soyons assurés que la détermination de cette majorité à créer un nouveau système permettra de rétablir la hiérarchie des valeurs. Car les moyens techniques et financiers ne manquent pas, ils sont disponibles à profusion – simplement, ils ne sont pas affectés correctement. La révolution doit ainsi créer des outils permettant de réaffecter les moyens au service de la Vie et de l'humanité. Il ne s'agit pas d'une opposition au système en place, mais d'un redéploiement des moyens permettant de donner la capacité d'agir aux personnes décidées à servir l'Oïkos. Il ne s'agit pas non plus de « prendre aux riches pour donner aux pauvres » : la richesse n'est pas un mal, si elle est créée autrement que par la misère des autres. Rien n'interdit l'enrichissement personnel, tant qu'il reste dans le cadre des valeurs de l'Oïkos.

Sur le plan institutionnel, deux moyens principaux permettent d'engager le basculement : une législation sanctionnant le pillage et le vol du bien commun et une fiscalité réellement adaptée à la réalité naturelle.

La législation

> *« La législation doit mettre en place des systèmes d'autorisation nécessaires avant toute destruction de bien commun, et imposer le paiement de cette consommation de ressource »*

L'impunité actuelle lors de la destruction de capital naturel est liée à une absence de législation adaptée, et surtout à la dilution des responsabilités sur l'ensemble de la chaîne extraction-transformation-consommation. Cette impunité est la raison essentielle des externalités, car les acteurs économiques naviguent bien souvent sur des zones de flou juridique. Chacun peut être libre d'utiliser ou de détruire son bien propre, mais cela n'est pas acceptable lorsqu'il s'agit d'un bien commun, ou du bien des autres. **La législation d'Œtopie doit mettre en place des systèmes d'autorisation nécessaires avant toute destruction de bien commun, et imposer le paiement de cette consommation de ressources,** d'une part pour préserver et développer le capital humain et naturel, d'autre part pour déterminer le juste coût de cette consommation, et par conséquent fixer un prix adapté. Toute consommation de bien commun donne ainsi lieu à un dédommagement et à une recapitalisation, ce qui permet d'intégrer les externalités des projets.

Les principes législatifs de base permettant la préservation des espèces et espaces menacés (« éviter/réduire/compenser ») pourraient être généralisés à d'autres formes de capital naturel pour garantir la pérennité de celui-ci. Le bien commun doit ainsi entrer dans le champ de la loi, au même titre que la propriété privée.

Une fiscalité pour un coût réel des biens et services

« Tant que la consommation du capital naturel est libre, et que les entreprises ne sont pas tenues de rémunérer la maintenance des services écosystémiques dont elles bénéficient, elles ne peuvent mécaniquement pas sortir du cercle vicieux qui détruira le modèle lui-même. »

La législation est un garde-fou pour sanctionner les comportements contraires aux valeurs de l'Oïkos. La fiscalité, quant à elle, permet d'une part d'appliquer des coûts réels à la consommation de bien commun, et d'autre part de redistribuer la richesse créée à partir d'un prélèvement sur ce bien commun. Car si la fiscalité a pour objectif premier la participation de chacun à la charge publique, elle peut aussi servir à réintégrer dans le modèle économique ses effets externes négatifs. Il s'agit dans ce cas de taxes dites « pigouviennes »[3]. **L'impôt devient ainsi un véritable outil, qui permet d'orienter les décisions des acteurs.** Ces taxes n'ont pas pour vocation simplement le financement des institutions : elles participent à la construction de la société. Elles peuvent ainsi sans aucun doute être un outil révolutionnaire,

---

[3] Principe inventé par Arthur Pigou en 1920, dont l'objet est de taxer les externalités pour les réintégrer dans le coût réel

permettant une modification radicale de notre société pour la rendre compatible avec la biosphère, donc œcompatible et viable.

S'il est important de recapitaliser, c'est-à-dire de mener des opérations de préservation et de restauration de ce capital naturel, il l'est encore plus de restreindre la consommation qui ne permet plus la durabilité. Une des solutions proposées pour la prise en compte des consommations de bien commun est d'incorporer leur coût dans le prix d'un bien ou d'un service via une taxe, une contribution ou un impôt correctif. Ces taxes et autres instruments économiques sont donc proposés pour stimuler les investissements et l'innovation vers d'autres voies, indispensables à la transition. Si les entreprises d'aujourd'hui consomment aussi radicalement le capital naturel, c'est avant tout parce qu'elles ont un intérêt économique direct à le faire, et pourraient même se mettre en danger en agissant autrement, en raison de la concurrence. **Ce n'est pas tant aux entreprises qu'il faut reprocher de se servir des ressources gratuites à leur disposition, qu'aux gouvernements qui n'ont pas le courage de rendre ces ressources payantes ou de les réguler** (les lobbies et pressions de certaines entreprises pèsent sans doute dans la balance). Les entreprises choisissent logiquement la solution la plus avantageuse économiquement. **Tant que la consommation du capital naturel est libre, et que les entreprises ne sont pas tenues de rémunérer la maintenance des services écosystémiques dont elles bénéficient, elles ne peuvent mécaniquement pas sortir du cercle vicieux qui détruira le modèle lui-même.** L'objectif est donc de rendre plus économiques les solutions œcompatibles, et le corolaire est de rendre très cher les solutions consommatrices de bien commun. L'arbitrage se fera ensuite naturellement par les acteurs.

La fiscalité inversée

> *« Taxer ce qui est rare, précieux, menacé et cependant indispensable : la Vie ; et en libérant des taxes ce qui est abondant, disponible, souhaitable et renouvelable : le travail. »*

La taxe pigouvienne paraît être le meilleur outil pour inverser la tendance, et réinscrire l'économie dans un cercle vertueux garantissant sa cohérence. Il agit ici de basculer le système des régulations, et non d'ajouter de nouvelles taxes. Notre modèle social et politique est en effet essentiellement financé par la taxation du travail, alors que nous n'avons aucun intérêt à le sanctionner. La destruction des systèmes vivants n'est aujourd'hui quasiment pas taxée. **Le basculement des régulations consiste donc à rétablir le bon sens, en taxant ce qui est rare, précieux, menacé et cependant indispensable : la Vie ; et en libérant des taxes ce qui est abondant, disponible, souhaitable et renouvelable : le travail.**

Cette réforme doit se faire progressivement et à fiscalité globale constante. La progressivité permettra l'adaptation des entreprises qui, pour garder le même taux d'imposition et conserver leur compétitivité, devront faire évoluer leurs modèles. Il s'agit donc bien d'un service rendu aux entreprises pour permettre la mutation indispensable à leur pérennité, et pour dans le même temps rendre compétitifs les modèles d'avenir en intégrant les externalités dans les prix des produits et services.

La taxation du travail présentait l'avantage de s'appuyer sur une assiette très facile à identifier, qui est la rémunération. La consommation de capital naturel est beaucoup plus difficile à identifier, car les écosystèmes sont par principe interdépendants les uns des autres : en conséquence, les responsabilités sont partagées entre plusieurs acteurs, avec des impacts négatifs souvent indirects ou diffus. L'assiette d'imposition devra être définie dans le but de préserver l'avenir de notre économie et de notre société. Il s'agira donc à la fois de taxes directes sur la destruction et la consommation de capital naturel (ressources, foncier, habitats naturels…), et sur les modes de production et de consommation qui sont à l'origine des dérèglements actuels.

L'arsenal de régulation pourrait être le suivant :

- Fiscalité sur les impacts directs sur les écosystèmes: destruction d'habitats naturels, changement d'affectation des sols, usage des sols, terrains imperméabilisés, droit à construire, défiscalisation des terrains abritant des habitats naturels, défiscalisation des travaux de génie écologique…
- Régulation des ressources menacées, de l'extraction de matières non renouvelables ou surexploitées, de l'eau, de l'énergie…
- Fiscalité sur les externalités négatives : pollution, déchets…
- Fiscalité sur le modèle économique : obsolescence des produits, linéarité des principes de production (extraire, transformer, jeter), possession plutôt que partage, défiscalisation de l'économie de fonctionnalité...

La finalité de cette réforme indispensable est bien la *performance globale* des entreprises sur le long terme. Pour être efficace et applicable, elle ne doit pas menacer la compétitivité sur le court terme, ce qui mettrait en péril les emplois. En conséquence, même s'il doit être radical et sans compromission, le basculement des régulations sera progressif et par étapes, en substituant régulièrement aux charges sur le travail des contributions sur la consommation du capital naturel et vivant, et en assurant ainsi des ressources fiscales constantes. L'objectif est d'accompagner l'économie afin qu'elle réalise les ajustements et transformations nécessaires pour continuer à créer de la richesse, et non de générer de nouvelles recettes fiscales. Les différentes étapes de la réforme devront être planifiées et annoncées clairement pour permettre aux entreprises d'adopter une stratégie d'adaptation, indispensable pour garantir leur performance économique. Ainsi, en année zéro, une taxation sur l'ensemble des assiettes précitées peut être mise en place instantanément… avec un taux nul ! Il y aurait donc une taxation de principe n'entraînant aucune charge pour l'entreprise. Chaque année, un prélèvement social serait supprimé partiellement ou en totalité, et remplacé par une recette fiscale issue de l'augmentation du taux sur l'une des assiettes de la fiscalité sur la Vie. Les gestionnaires d'entreprises auraient donc la visibilité de leurs charges sur le long terme, et pourraient ainsi anticiper leur adaptation et surtout leurs investissements en fonction du coût probable issu de la réintégration des externalités par les taxes pigouviennes. La fiscalité est l'un des meilleurs outils pour inciter à la préservation de notre Oïkos, et celui à appliquer en premier lieu, quelles que soient les réticences.

Les outils économiques

Les financements œcompatibles

> *« C'est un nouveau système boursier parallèle qu'il convient de mettre en place, régulé pour répondre aux valeurs de l'Oïkos. »*

Le commerce s'est développé spontanément suite à la révolution agricole néolithique qui a augmenté la productivité des écosystèmes gérés par l'homme, et entraîné la création d'outils d'échanges par le biais de la monnaie. Le capitalisme est apparu pour répondre à la révolution énergétique et industrielle, lorsque les ressources de la Vie stockées depuis des millions d'années sont devenues accessibles, augmentant encore plus radicalement la productivité des ressources naturelles et nécessitant ainsi des financements inédits, obtenus par les systèmes de bourse. Ce capitalisme industriel, qui a été essentiel pour le développement de notre bien-être, a cependant perdu sa vocation première de financement des entreprises pour devenir un capitalisme financier, dont la finalité est surtout d'enrichir ceux qui l'utilisent. La finalité économique et le service de l'humanité sont ainsi subordonnés à une logique de profit individuel, ce qui est malsain par nature et en tout état de cause contraire aux principes de l'Oïkos. La révolution de la Vie nous engage maintenant à mettre en œuvre de nouveaux outils, à la disposition des aventuriers de l'avenir. Il est urgent d'instaurer un système de financement parallèle et complémentaire, permettant aux projets et entreprises œcompatibles de se développer sans être soumis aux règles du « profit pour seule finalité ». Cela n'est pas vraiment compliqué, et pourtant totalement déterminant pour l'avenir. En effet, la pression exercée par le système financier sur l'ensemble de l'économie, et par voie de conséquence sur l'humanité et la Vie, est insoutenable. Il faut extraire les entreprises au service de l'Oïkos de cette spirale suicidaire. **C'est un nouveau système boursier parallèle qu'il convient de mettre en place, régulé pour répondre aux valeurs de l'Oïkos.**

Cette nouvelle bourse d'Œtopie doit respecter le temps stratégique de développement de l'entreprise et ses besoins propres, en plafonnant en particulier les distributions de dividendes susceptibles d'avoir un impact humain ou économique. Elle imposera dans son principe même les valeurs de l'Oïkos sur l'ensemble des chaînes de valeur, et avec toutes les parties prenantes. Elle ne s'adressera donc qu'à des entreprises œcompatibles, avec un système de contrôle et de transparence. La spéculation purement financière doit être impossible, ainsi que les produits financiers dérivés qui en découlent. A cet effet, la bourse mettra en place un système garantissant la viscosité des sommes placées, qui taxera et pénalisera les mouvements financiers trop rapides. Ainsi, l'emploi des ressources financières aura bien pour objectif la pérennité de l'entreprise et le service rendu à l'Oïkos. Enfin, les dirigeants de ces entreprises ne seront pas des salariés surprotégés, mais de vrais entrepreneurs, assumant les risques de l'entreprise. **Ainsi, cette bourse permettra aux femmes et aux hommes droits de se retrouver pour un projet commun.** C'est un véritable marché financier parallèle à créer, respectueux de la Vie, et au service de l'Oïkos. Il regroupera toutes les entreprises qui sont confiantes dans un avenir partagé et n'acceptent pas la dictature de l'individualisme. Ce marché n'interdit pas l'enrichissement personnel, bien au contraire, car on peut gager que les entreprises qui s'y adresseront auront une rentabilité supérieure en raison des valeurs qu'elles portent : il n'autorisera cependant pas l'enrichissement au détriment d'une partie de l'humanité ou au détriment de la Vie.

La bourse éthique et « visqueuse » n'a pas pour objet de s'opposer au système actuel, ou de s'y substituer. Chaque entreprise sera libre de s'adresser soit à la bourse de l'ancien régime, soit à la bourse œcompatible d'Œtopie. Il en sera de même pour les investisseurs qui pourront placer leur patrimoine dans l'un ou l'autre système. Entrepreneurs comme investisseurs auront cependant la liberté de choisir un système de financement respectant les valeurs de l'Oïkos.

Il convient de ne pas minimiser la portée d'un investissement, qui engage son auteur. Un investissement n'est jamais neutre, et n'est pas un simple jeu de hasard. Il a des conséquences humaines et écologiques, et cette dimension ne peut être occultée. La nouvelle bourse a pour objet essentiel de mettre en évidence cette dimension de l'investissement, totalement marginale dans le système d'aujourd'hui, pour que l'investisseur assume sa responsabilité.

Il est aussi indispensable de créer un nouveau système bancaire sain pour l'Œtopie, permettant aux entreprises œcompatibles de se financer sans dépendre du système actuel. Les banques œcompatibles ne pourront être à la fois des banques de dépôt et des banques d'investissement ; n'y auront accès que des entreprises œcompatibles.

Les nouvelles formes d'économie

> *« L'objectif est une réorientation radicale permettant la croissance du bonheur, de la Vie et du bien-être pour tous, en dissociant la consommation de ressources de la production de valeur. »*

La littérature sur les nouvelles formes économiques est suffisamment abondante pour ne pas s'étendre sur ces propositions techniques[4]. Il est cependant important de rappeler encore que le changement de paradigme et la révolution de la Vie ne consistent pas en une décroissance économique. **L'objectif est une réorientation radicale permettant la croissance du bonheur, de la Vie et du bien-être pour tous, en dissociant la consommation de ressources de la production de valeur. L'économie circulaire et l'économie de fonctionnalité** sont à ce stade des pistes très prometteuses pour la route à suivre. Les valeurs de l'Oïkos, ainsi que les mécanismes de régulation proposés sur les plans législatifs et fiscaux, doivent permettre naturellement cette réorientation, par le simple fait d'intégrer le vrai coût de la consommation de nature. Les priorités vont vite changer pour répondre à cette nouvelle grille de valeur et de coûts. N'oublions pas que les modèles proposés doivent être adaptables dans tous les pays, y compris les plus pauvres. Les solutions qui ne seraient applicables que dans les pays riches ne sont pas conformes aux valeurs de l'Oïkos, à moins de

---

[4] Voir en particulier l'excellent livre d'Emmanuel Delannoy « l'économie expliquée aux humains ».

prévoir simultanément des dispositifs permettant à tous d'accéder à ces innovations.

Le biomimétisme, à la base de l'œcompatibilité

> *« La révolution de la Vie consiste sur les plans techniques et économiques à réconcilier notre développement avec le fonctionnement de la Vie »*

Mais le levier le plus important de cette économie révolutionnaire sera le biomimétisme et la bioinspiration. Les systèmes vivants existent depuis 3,8 milliards d'années, et sont capables de s'adapter à toutes les contraintes si on leur en laisse le temps. Nous ne comprenons même pas le fonctionnement de la plupart d'entre eux, nous sommes incapables de dupliquer les mécanismes de la Vie qui cependant organisent et structurent la matière avec très peu d'énergie et des matières premières disponibles localement. S'inspirer de la Vie signifie investir dans le fonctionnement des écosystèmes, fournisseurs de services et de biens, avec la modestie et l'humilité correspondant à notre niveau de connaissance. Cela veut dire aussi développer l'ingénierie écologique et innover dans ce domaine, sans vouloir se substituer à la Vie, mais en optimisant son fonctionnement et en l'accompagnant... **La Vie n'est pas un matériau : c'est la seule vraie richesse que nous ayons sur Terre.** Travaillons avec la Vie, en l'utilisant sans vouloir à tout prix la dominer, et avec prudence car nous ignorons ce qui est bon ou mauvais. Les écosystèmes ont fait la preuve de leur durabilité, ayons donc confiance !

L'avènement de l'Œtopie par la révolution de la Vie consiste sur les plans techniques et économiques à réconcilier notre développement avec le fonctionnement de la Vie. A ceux qui prétendraient que c'est impossible, il faut répondre que puisque cela n'a jamais été tenté, on ne peut pas savoir, et que cela vaut la peine d'essayer. La révolution industrielle et l'énergie bon marché qui la caractérise ont toujours privilégié la force et la domination, sur la nature et sur les hommes, sans vraiment chercher d'autres voies. Mettons aujourd'hui autant d'ardeur à trouver des solutions œcompatibles, en harmonie avec les écosystèmes, que nous en avons mis à aller sur la lune, et nous aurons rapidement notre nouveau monde.

Miser sur la Vie, car c'est l'entreprise la plus durable, et la plus rentable

> *« Misons tout sur les écosystèmes, et réorientons notre économie et notre culture vers la Vie, pour continuer l'histoire de l'humanité. »*

L'avenir est dans la Vie qui a fait ses preuves, et non dans la raison humaine seule. C'est donc une bascule radicale des objectifs de recherche que nous pouvons opérer, en misant sur les écosystèmes. A titre d'exemple, c'est le fonctionnement des écosystèmes qui assurent depuis des millions d'années la captation du carbone de l'atmosphère et la régulation des climats. C'est en optimisant leur fonctionnement – ce qui ne veut pas dire uniquement planter quelques arbres pour stocker du carbone – que nous pourrons rapidement réduire le taux de carbone et les éventuels changements climatiques qui en découleraient.

L'inconvénient majeur jusqu'à présent pour développer ce modèle était le manque de rentabilité industrielle, qui ralentissait la recherche nécessaire. Les outils de régulation et les valeurs de l'Oïkos devraient permettre d'inverser cette logique : les investissements uniquement industriels deviendront beaucoup moins rentables en raison de l'intégration écologique, qui inclut les externalités, alors qu'à l'inverse, des développements au service de l'Oïkos devraient devenir compétitifs. **Misons tout sur les écosystèmes, et réorientons notre économie et notre culture vers la Vie, pour continuer l'histoire de l'humanité.**

Le territoire, support de l'Oïkos

« Les valeurs de l'Oïkos se vivent d'abord au niveau local pour être respectées au niveau national. »

L'Œtopie n'est pas un lieu donné, un territoire précis et délimité. Il est un principe permettant le respect de l'Oïkos, du lieu de Vie, et donc à l'échelle de ses habitants. Ainsi, le principal Oïkos est la biosphère, au sein de laquelle s'articulent et se croisent de nombreux autres dimensions de l'Oïkos. Ces lieux de Vie sont liés à un territoire physique, qui n'a rien d'administratif ou politique, ni même géographique au sens strict. Communauté d'intérêts, histoire ou culture commune, lien familial ou reconnaissance autour d'un même objectif sont autant de critères définissant différents aspects de l'Oïkos, dépendant les uns des autres. Cette imbrication permet une grande diversité, moteur d'échanges et d'évolutions. L'Oïkos peut ainsi prendre la forme d'une communauté nationale, d'une région culturelle, d'une commune, d'une entreprise ou d'une famille. Aucune de ces entités n'est homogène et définie strictement, elles sont en constante évolution. Ce qui définira l'Œtopie, qui est le « pays de l'Oïkos » n'est donc pas l'attachement à un lieu, le respect d'une tradition ou l'intégration dans une culture : c'est surtout le respect des valeurs fondamentales de l'Oïkos, et la volonté de construire ensemble un édifice viable avec nos différences, en respectant le bien commun.

Mais la cohérence de l'ensemble dépend de chaque cellule de l'Oïkos. Il est stérile de reprocher à l'état un manque de valeurs et d'éthique si les communes, les entreprises ou les familles n'en ont pas. **Les valeurs de l'Oïkos se vivent d'abord au niveau local pour**

être respectées au niveau national. Chaque personne possède le pouvoir d'agir à son échelle, sur son propre lieu de Vie, dans son entreprise. La révolution de la Vie, la révolution de l'Oïkos émane des plus petites cellules pour irradier sur l'ensemble. C'est une bonne nouvelle, car chacun peut ainsi changer à son niveau, sans risque de se décourager. Les valeurs de l'Oïkos se vivent en tout premier lieu dans notre quotidien, sur nos propres territoires.

L'entreprise et l'entrepreneur

Le profit est un outil de développement, et non un but

« Le profit est un moyen et non une finalité »

Les crises sociales, économiques et écologiques sont les conséquences d'une économie qui ne tourne que pour elle-même, sans régulation, et cela appelle donc un changement en profondeur dans la façon de concevoir l'économie, et surtout l'entreprise. L'entreprise est en effet le moteur de l'économie, et l'unité de base pour engager le changement. Le libéralisme responsable est fondé sur le système de valeurs de l'Oïkos ; l'entreprise œcompatible n'a donc pas pour but le profit, mais la création de valeurs partagées. Le profit est un moyen permettant le développement et la recherche dans une perspective stratégique, et non une finalité. Les dirigeants peuvent bien sûr s'enrichir, ce qui est un retour légitime de leur performance et de l'énergie investie, en respectant toutefois les valeurs de solidarité et de partage : la valeur est créée à plusieurs, humains et non-humains, chacun doit donc être rétribué justement. Ce n'est pas une recherche d'égalité, plutôt une lutte contre les inégalités inacceptables, afin de tendre vers l'équité. Les critères de discernement des entreprises œcompatibles identifieront clairement ces aspects, qui pourraient commencer par un plafond des coefficients multiplicateurs entre plus hauts et plus bas salaires.

Une entreprise attachée à un territoire, pour le long terme

> *« L'entreprise ne peut être soumise exclusivement à ceux qui investissent en elle »*

L'entrepreneur œcompatible considère son entreprise comme un outil au service de la Vie et de la société, et la gère en conséquence. Il est responsable sur le long terme, et ne doit jamais privilégier les rentabilités immédiates qui détruisent le potentiel de développement. **L'entreprise ne peut être soumise exclusivement à ceux qui investissent en elle, car sa valeur sociale doit être préservée.** La gestion de l'entreprise œcompatible doit tenir compte de toutes les catégories qui contribuent à son existence et à son fonctionnement. L'attachement à un territoire, à un patrimoine, à une culture est sans doute le moyen d'obtenir cette profondeur de vue et l'engagement de tous dans un projet commun.

La reconnaissance et la subsidiarité au sein de l'entreprise

> *« L'activité au sein de l'entreprise n'est pas un simple échange d'un travail contre un salaire ; c'est une création commune, engendrant une valeur qu'il convient de répartir. »*

Les entreprises respecteront elles-mêmes le principe de subsidiarité demandé aux institutions de l'Oïkos, en laissant une grande liberté à leurs filiales, à leurs services, à leurs collaborateurs. La standardisation des procédures et le fractionnement des tâches de production sont en général sources de souffrance, car ils s'opposent à la subsidiarité qui permet à chacun de valoriser ses actions en étant véritablement impliqué dans la création de valeur. Il est ainsi important de fixer aux collaborateurs des objectifs à atteindre, éventuellement à plusieurs,. au lieu de dépersonnaliser totalement le travail. Si tous les emplois ne peuvent être valorisants ou agréables, la reconnaissance de la valeur de chacun dans le processus de création est indispensable à la dignité. Chaque acteur participe à la création, même pour les tâches les plus humbles mais souvent indispensables. **L'activité au sein de l'entreprise n'est pas un simple échange d'un travail contre un salaire ; c'est une création commune, engendrant une valeur qu'il convient de répartir**.

Ce n'est pas la compétition qui oriente l'entreprise

> *« La bioinspiration de l'entreprise doit donc l'éloigner d'une logique de compétition systématique pour développer, à l'intérieur comme à l'extérieur de l'entreprise, ces quatre piliers que sont la diversité, la coopération, l'échange, l'adaptabilité.»*

Les dernières décennies ont été marquées par un parallèle assez étonnant entre le sport et l'entreprise, où l'esprit de compétition se développe avec une volonté toujours plus forte, pour gagner des parts de marché ou des bénéfices. Ce principe de la compétition est particulièrement dangereux : il est logique dans le sport, car il s'agit d'un jeu et ne porte pas à conséquence au-delà de l'épreuve elle-même. **Il ne peut toutefois s'appliquer à des Vies humaines lorsque les fruits de la victoire ne sont pas justement répartis.** Cette compétition peut avoir un sens lorsqu'il s'agit d'assurer la pérennité de l'entreprise, car la concurrence nationale ou internationale est une réalité ; elle doit cependant, elle aussi, rester subordonnée aux principes de l'Oïkos : on ne peut l'opposer à la dignité de la personne, au respect de la Vie ou à l'honneur.

D'autant que l'appel à l'esprit de compétition est presque systématiquement utilisé pour augmenter la rentabilité à court terme, fragilisant souvent l'entreprise sur le long terme. Un parallèle abusif est par ailleurs souvent fait avec le fonctionnement des écosystèmes, où la compétition est présentée comme la règle. Rien n'est plus faux, car la dynamique naturelle est fondée avant tout sur la diversité et l'adaptabilité. La coopération et les échanges forment la base des écosystèmes. **La bioinspiration de l'entreprise doit donc l'éloigner d'une logique de compétition systématique pour développer, à l'intérieur comme à l'extérieur de l'entreprise, ces quatre piliers que sont la diversité, la coopération, l'échange, l'adaptabilité.**

Un référentiel systémique pour évaluer les entreprises

> *« Un référentiel donnant une vision globale et systémique de l'entreprise, afin de mettre en avant son œcompatibilité »*

Plusieurs conditions sont nécessaires pour développer des entreprises au service de l'Oïkos. En premier lieu des institutions, des lois, une fiscalité et des financements tels que définis précédemment, et aussi un système de contrôle conforme à la matrice de discernement de l'Oïkos, à mettre en place afin que les entrepreneurs honnêtes ne soient pas défavorisés. Ce référentiel de contrôle qui se doit d'être indépendant et transparent, ne s'attachera pas à mettre en évidence quelques bonnes pratiques marginales, ou à communiquer sur l'autodéclaration et l'autosatisfaction des entreprises : il donnera une vision globale et systémique de l'entreprise, afin de mettre en avant son œcompatibilité. C'est à ce prix que l'on obtiendra les changements nécessaires, où les comportements éthiques seront récompensés, contrairement à ce qui se passe aujourd'hui avec le système des rapports RSE partiels et partisans. La mise à disposition de ces évaluations permettra aux consommateurs d'orienter leur choix.

Ce référentiel ne sera pas un label commercial, mais un véritable outil de contrôle du respect du bien commun. Les organismes de certification du référentiel seront eux même contrôlés pour éviter toute déviation, car l'appréciation de l'œcompatibilité des organismes – entreprises comme collectivités – sera un levier essentiel du changement.

Le citoyen et le style de Vie.

Chacun est responsable

> *« Chaque individu compte pour la société, et chaque acte compte pour l'individu »*

La civilisation de la consommation, de l'individualisme matérialiste et des droits sans devoirs a eu pour conséquence de développer une société assistée et incapable de bâtir son avenir elle-même. Elle attend des firmes et des institutions l'intégralité de son bien-être, sans y participer. Chaque individu se défausse et ne se considère jamais comme responsable des injustices ; il se croit autorisé à contester, s'indigner et manifester contre le « système » qu'il participe pourtant à alimenter. Rappelons-nous cependant que, tant que nous sommes en démocratie, nos élus sont le reflet du peuple, et qu'en tant que consommateurs, nous sommes les acteurs principaux de l'économie.

Chaque individu compte pour la société, et chaque acte compte pour l'individu. C'est aussi l'une des conséquences de la solidarité. Le citoyen de l'Oïkos ne peut plus présenter deux visages : celui d'un électeur exigeant sur la moralité des responsables politiques, et celui d'un consommateur privilégiant son plaisir sans aucune prise en compte des impacts que ses achats engendrent sur le bien commun d'aujourd'hui ou de demain. N'oublions pas que les ressources naturelles sont pillées pour satisfaire notre mode de Vie. La démocratie ne s'exprime pas seulement dans les bulletins de vote, mais aussi dans l'investissement et la consommation.

L'intelligence collective : la révolution commence ensemble

> *« Misons sur l'intelligence collective : les civilisations se sont construites grâce à des volontés convergentes vers un but commun »*

Misons sur l'intelligence collective : les civilisations se sont construites grâce à des volontés convergentes vers un but commun. Si le but est noble, la civilisation le sera. L'Oïkos ne peut se construire que si les citoyens le désirent ardemment et sincèrement. Nous aurons ainsi des représentants politiques qui seront à l'image du peuple, tournés vers l'Oïkos. Ce qui veut dire avant tout que chaque citoyen est responsable : les valeurs de l'Oïkos sont à la fois individuelles et collectives. Nous ne pouvons critiquer des responsables politiques ou des entrepreneurs qui pensent d'abord à leurs intérêts particuliers si nous-mêmes n'avons ni action ni considération en faveur du bien commun.

Des efforts au nom de valeurs partagées, pour davantage de bonheur

> *« La solidarité, la dignité, le respect, ou l'honneur sont les fondations d'un monde meilleur, qui nécessite des efforts pour atteindre infiniment plus de bonheur. »*

Prétendre pouvoir changer de système sans faire d'efforts serait un mensonge. Les efforts indispensables ne signifient toutefois pas pour autant moins de bien-être : tout dépend du plaisir ou du bonheur recherché. **La propriété, la mode, la technologie, la consommation sont sans doute des éléments**

contribuant au bonheur. Ils n'en sont pas l'essence, qui se trouve avant tout dans la reconnaissance, la dignité et les valeurs humaines. Le sportif fait des efforts parfois douloureux pour atteindre ses objectifs, et s'impose une hygiène de Vie. Nous devrons nous aussi faire des efforts pour construire l'Oïkos, comme nos anciens en ont fait pour nous léguer notre monde. La recherche de boucs émissaires, ce qui est l'habitude des représentants politiques ou des idéologues, tend à faire croire que « les autres » sont responsables, paieront en conséquence, et feront seuls les efforts nécessaire. C'est oublier que nous sommes tous dans le même bateau. C'est pour cela que nous devons inciter les représentants politiques à nous proposer la construction d'un monde ensemble, et non pas les uns contre les autres.

Une civilisation se construit sur des valeurs communes, appliquées par tous et chacun. Les valeurs de l'Oïkos relèvent de notre responsabilité individuelle, sans pour autant être imposées, car la liberté reste un principe fondamental. **La vraie révolution consiste à choisir chacun et ensemble, librement, ces valeurs fondamentales pour les faires vivre. La solidarité, la dignité, le respect, ou l'honneur sont les fondations d'un monde meilleur, qui nécessite des efforts pour atteindre infiniment plus de bonheur.** « L'ancien régime » est condamné justement parce que, n'ayant plus que des pseudo-valeurs incantatoires, il est devenu une coquille vide, sans but ni vision.

L'usage du monde est de railler ce type de déclaration avec condescendance, en les considérant comme naïves ou désuètes. La liberté et la prospérité de notre pays se sont cependant construites grâce à ce type d'engagement au cours des millénaires. **Il est**

toujours plus facile de les déclarer impossibles pour ne pas avoir à les réaliser soi-même. L'objectif n'est d'ailleurs pas de convaincre tout le monde, mais seulement d'identifier ceux qui se reconnaissent dans cette vision pour nous regrouper, construire à notre échelle, avec la prétention de montrer que le bonheur est possible, au prix de quelques efforts.

L'échange et le partage pour construire ensemble

> *« Nos relations avec les autres ou la nature ne peuvent être régies uniquement par des règles et des contrats »*

Soyons seulement réalistes, et ne dissocions pas notre être profond de notre comportement quotidien. La manière dont l'homme considère les autres, humains ou non humains, influence la manière dont il se considère lui-même et réciproquement. « *L'homme est un animal social* » (Aristote), il est donc fait pour l'échange et le don, qui impliquent la gratuité. **Nos relations avec les autres ou la nature ne peuvent être régies uniquement par des règles, des lois et des contrats.** Nous sommes réciproquement transcendés par la gratuité dans nos relations avec les autres.

Le changement se fera de toute façon, alors autant l'accompagner pour le maîtriser

> *« Personne ne peut prédire ce que sera le monde de demain, car il sera ce que nous en ferons. »*

Personne ne peut prédire ce que sera le monde de demain, car il sera ce que nous en ferons. Ce n'est pas en annonçant l'apocalypse que l'on engagera le mouvement : c'est en choisissant là où nous voulons aller, notre Œtopie. Dès lors les efforts ne seront plus simplement une contrainte due à la peur de l'avenir ; ils deviendront un moyen de passer de l'autre côté. **Notre mode de Vie occidental et le fonctionnement même de notre société sont remis en question, car ils ne pourront être reproduits, sous leur forme actuelle, par l'ensemble de la planète.** Défendre des privilèges du siècle dernier, même légitimes, au nom des droits individuels privera mécaniquement d'autres peuples de ces mêmes droits. Il est donc temps de reprendre l'ensemble de l'ouvrage, et de s'interroger sur un système économique et social qui puisse s'appliquer partout, en regardant loin devant, en anticipant les contraintes et les crises à venir pour ne pas se laisser surprendre. Notre mode de Vie sera de toute façon affecté par des changements radicaux, dont beaucoup sont liés à la limitation des ressources. **Nous avons donc le choix de vouloir chacun individuellement préserver « encore un peu » notre confort, en accélérant ainsi le déclin, ou considérer avec réalisme la situation, en adaptant en conséquence nos comportements et nos modes de Vie** (comme le font la plupart des espèces dans les écosystèmes).

Sacrifier notre superflu, mais pas notre bien-être

> *« La terre peut nourrir beaucoup de monde, sans pour autant augmenter la production par des méthodes d'apprentis sorciers, à condition de partager, de faire preuve d'un minimum de sobriété, d'être efficace, bon gestionnaire et d'éviter le gaspillage. »*

Une fois de plus, répétons qu'il ne s'agit pas de décroissance, qui ne serait qu'une conséquence de notre incapacité à changer de modèle : nous voulons construire un autre système économique recherchant le bonheur. **La terre peut nourrir beaucoup de monde, sans pour autant augmenter la production par des méthodes d'apprentis sorciers, à condition de partager, de faire preuve d'un minimum de sobriété, d'être efficace, bon gestionnaire et d'éviter le gaspillage.** Cela nous demandera sans doute de réfléchir aussi à notre régime alimentaire, et de le rendre plus conforme à nos besoins physiologiques en évitant les excès. **Car c'est bien d'une petite partie de notre superflu dont il s'agit, et non de notre essentiel.** Le basculement des régulations par une fiscalité inversée permettrait aussi aux consommateurs de ne pas être désavantagés lorsqu'ils choisissent des produits œcompatibles, comme cela peut être le cas aujourd'hui. La révolution doit bien être menée à tous les niveaux, individuels et collectifs.

Jeunesse, famille et valeurs

> *« Les enfants ont besoin de bonheur vrai, d'amour et de tendresse, et nous les détruisons en calquant sur eux nos rêves de consommation et de possession. »*

Comment s'étonner des incivilités et des débordements délinquants, lorsque les adultes n'ont plus de système de valeur ? Contrairement à une idée répandue, selon laquelle la jeunesse serait désabusée et n'aurait plus foi en rien, soyons persuadés que les jeunes se mobiliseront pour construire ce monde où chacun aura une chance d'avoir sa place. **Les grandes personnes sont les premières responsables du trouble des enfants, car par leur comportement elles brisent leurs rêves de bonheur en réduisant la Vie à des mesquineries quotidiennes. Les enfants ont besoin de**

bonheur vrai, d'amour et de tendresse, et nous les détruisons en calquant sur eux nos rêves de consommation et de possession. Soyons exigeants les uns envers les autres pour ne pas construire un monde de pacotille et d'égoïsme. Ce devrait d'ailleurs être l'inverse : au lieu de vouloir inculquer nos vices de vieillards à la jeunesse, nous devrions nous inspirer d'elle pour rester jeunes nous-mêmes. La jeunesse est généreuse, désintéressée, tournée vers l'avenir : elle est la force du changement.

Pour ne pas faire vieillir trop vite notre jeunesse, n'oublions pas que seule l'éducation la rendra libre de choisir, sans être esclave de désirs toujours insatisfaits. Cette éducation commence en premier lieu au sein des cellules familiales. La famille est fondée sur la complémentarité et la diversité entre hommes et femmes qui engendrent la Vie, sur le respect de la vulnérabilité des enfants, sur les interrelations et l'échange, le partage et la solidarité, et représente ainsi l'Œtopie de base, premier lieu d'éducation aux valeurs. L'école transmet l'instruction et la formation nécessaires, alors que l'éducation commence dans la famille. Les institutions accompagnent et aident les familles à transmettre les valeurs fondamentales. Les parents qui ont créé la Vie sont pleinement responsables de cette Vie. C'est une fois de plus l'application du principe de subsidiarité, les institutions n'assurant la suppléance que si la cellule familiale ne peut le faire elle-même.

Le système scolaire

> *« La transmission des valeurs de l'Oïkos sera vraiment déterminante pour faire évoluer notre société, car notre avenir est dans notre jeunesse. »*

Le système scolaire de l'Oïkos assure la continuité de l'éducation familiale, sans se limiter à la transmission de connaissances ou de savoir-faire. L'adaptation des personnes dans le monde social dépend beaucoup plus du savoir-être que du savoir-faire. L'école doit donc intégrer dans son fonctionnement les valeurs communes, mais elle doit aussi développer la créativité et le sens de l'innovation, avec un corollaire indispensable : l'apprentissage de l'échec. Le monde de demain sera tellement nouveau qu'il nous faudra découvrir en marchant, accepter les erreurs et les chutes avec humilité, pour mieux se relever. Les échecs font partie de l'apprentissage de la Vie, car ils permettent l'évolution et l'adaptation. **Le plus important, ce n'est pas l'échec lui-même, c'est la capacité que nous avons à apprendre de nos échecs.**

La transmission des valeurs de l'Oïkos sera vraiment déterminante pour faire évoluer notre société, car notre avenir est dans notre jeunesse. Nous devons non seulement accompagner les jeunes, mais aussi aider et assister tous ceux qui, familles et enseignants, ont l'honneur de participer à cette éducation.

Conclusion :
Réjouissons-nous !
La Vie est belle

L'erreur essentielle dans laquelle nous tombons depuis que nous avons pris conscience de nos impacts et de nos dépendances écologiques est de croire que nous pouvons réformer à la marge le modèle, corriger ses dysfonctionnements en posant quelques contraintes (à d'autres qu'à nous-mêmes en général), et nous imaginer que nous allons continuer encore longtemps comme cela. Il n'y a par là aucune espérance d'un avenir meilleur, juste une vaine tentative d'évitement d'un futur obscur. Cette attitude laisse une bonne partie de l'humanité sur le bord du chemin, en prétendant que le problème sera traité plus tard.

Comment pouvons-nous mobiliser les peuples vers un vrai changement radical avec la maigre ambition d'un vieillard s'agrippant à ses habitudes ? Notre système a très certainement été bon en son temps, et nous a rendu (à nous Occidentaux) de bien nombreux services. Il est maintenant obsolète et il faut en faire son deuil. Rien ne sert de s'insurger contre les soubresauts d'une vieille mécanique en fin de course ; on peut certes la critiquer ou lui taper dessus, cela ne la rendra pas capable de s'adapter à un monde qui n'est plus fait pour elle. L'ancien monde est-il moribond ? Construisons le monde qui naît !

Mais réjouissons-nous, car nous avons le pouvoir de faire tellement mieux ! En redécouvrant les richesses et les merveilles que nous offre la Vie, nous possédons tous les outils nécessaires pour construire la civilisation de la solidarité, du respect, de la dignité et de l'honneur. Qui ne le souhaite pas ? La puissance de la Vie est sous nos yeux, et par une étrange myopie nous avons fini par ne plus la voir. Elle nous a rendu tant de services depuis des millénaires, et nous avons cru pouvoir nous en émanciper pour faire mieux. Quelle imprudence ! Petit homme, dernier arrivé sur Terre, tu joues avec le feu et tu prétends avec ta petite tête pouvoir remplacer 3,8 milliards d'années d'expérience ! La Vie n'est toutefois pas rancunière. Sa puissance créatrice est telle qu'il suffit de reprendre les bons outils pour qu'elle reparte de plus belle.

Pour la première fois depuis l'aube de l'humanité, nous sommes face à nous-mêmes, avec la nécessité de choisir, de manière libre et responsable. C'est une aventure extraordinaire, qui dépasse de loin la conquête de l'Ouest ou de la Lune, car c'est une révolution radicale pour l'ensemble de l'humanité. La révolution de la Vie, au service de l'Oïkos, signifie aussi un changement éthique, qui sans doute nous privera d'un peu de superflu, pour une recherche de bonheur et de sérénité.

Réjouissons-nous ! Nous sommes « condamnés » à la solidarité avec les vivants, et ce regard optimiste et fort aura le pouvoir de résoudre les crises écologiques, économiques et sociales. Nous vivons une période magnifique.

Réjouissons-nous ! Car nous ne sommes pas seuls : la Vie est là, toujours capable de nous prodiguer ses richesses. Regardons-la, et espérons ! Il suffit de changer notre regard pour changer le monde.

Réjouissons-nous ! Car il n'est plus temps de pleurer et de nous lamenter, le temps est venu de la construction et de l'action. L'angoisse et la peur viennent de l'inconnu – si nous savons où aller, nous reprenons confiance. La civilisation de la Vie nous appelle !

Réjouissons-nous ! Car la richesse de la Vie est devant nous. Utilisons notre intelligence avec modestie pour l'observer et l'accompagner. Soyons fiers de notre technologie et de nos inventions, et mettons-les au service de la Vie, qui est notre garantie pour l'avenir.

Réjouissons-nous ! Car jusque-là on ne parlait que de repartir en arrière, alors que nous pouvons nous projeter maintenant dans un monde que nous déciderons meilleur.

Réjouissons-nous ! Car les valeurs de l'Oïkos nous offrent une vision universelle de l'avenir, tout en respectant la diversité de chacun.

Réjouissons-nous ! Car nous pouvons reprendre en main notre destin, sans le laisser aux mains de quelques minorités ou intérêts égoïstes.

Réjouissons-nous ! Car l'histoire prouve que l'on ne peut empêcher d'avancer les peuples qui savent où ils vont : on n'arrête pas la marée.

Réjouissons-nous ! La Vie est belle. La révolution de la Vie nous permettra de reconstruire notre Oïkos, et d'atteindre l'Œtopie, pour le développement de l'homme, de tous les hommes.

Dignité,

Honneur,

Respect.